BELTANE

Los ocho sabbats

BELTANE

*Una completa guía para la celebración
de la fiesta de la fertilidad*

Melanie Marquis

Traducción de Miguel Trujillo Fernández

Translated from *Beltane. Rituals, Recipes & Lore for May Day*
© 2015, Melanie Marquis
Published by Lewellyn Publications
Woodbury, MN, 55125, USA
www.lewellyn.com

© Melanie Marquis, 2023
© Traducción: Miguel Trujillo Fernández
© Editorial Almuzara, s. l., 2023

Primera edición: abril de 2023

Editorial Arcopress • Colección Los ocho sabbats
Edición: Pilar Pimentel
Corrección y maquetación: Helena Montané

www.arcopress.com
Síguenos en @ArcopressLibros

Editorial Almuzara
Parque Logístico de Córdoba. Ctra. Palma del Río, km 4
C/8, Nave L2, n° 3, 14005 - Córdoba

Imprime Romanyà Valls
ISBN: 978-84-11314-94-7
Depósito legal: CO-605-2013
Hecho e impreso en España - *Made and printed in Spain*

Índice

nnys, birth, renewal, rejuvenation, balance, fertility, chang

th, vernal equinox, sun enters Aries, Libra in the Sou

n Man, Amalthea, Aphrodite, Blodeuwedd, Eostre, E

Flora, Freya, Gaia, Guinevere, Persephone, Libera, M

t, Umaj, Vila, Aengus MacOg, Cernunnos, Herma, The

Mabon Osiris, Pan, Thor, abundance, growth, health, ea

aling, patience understanding virtue, spring, honor, contentm

abilities, spiritual truth, intuition, receptivity, love, inner se

ment, spiritual awareness, purification, childhood, innocence

creativity, communication, concentration, divination, harmo

ties, prosperity, attraction, blessings, happiness, luck, money

idance, visions, insight, family, wishes, celebrating life cyc

hip, courage, attracts love, honesty, good health, emotions,

rovement, influence, motivation, peace, rebirth, self preserva

e power, freedom, optimism, new beginnings, vernal equinox

tion, sun, apple blossom, columbine, crocus, daffodil, daisy,

honeysuckle, jasmine, jonquil, lilac, narcissus, orange blossom,

, rose, the fool, the magician, the priestess, justice, the star

LOS OCHO SABBATS

La colección *Los ocho sabbats* proporciona instrucciones e inspiración para honrar cada uno de los sabbats de la brujería moderna. Cada título de esta serie de ocho volúmenes está repleto de hechizos, rituales, meditaciones, historia, sabiduría popular, invocaciones, adivinaciones, recetas, artesanía y mucho más. Son libros que exploran tanto las tradiciones antiguas como las modernas, a la hora de celebrar los ritos estacionales, que son las verdaderas piedras angulares del año de la bruja.

Hoy en día, los wiccanos y muchos neopaganos (paganos modernos) celebran ocho sabbats, es decir, festividades; ocho días sagrados que juntos componen lo que se conoce como la Rueda del Año, o el ciclo de los sabbats. Cada uno de los cuales se corresponde con un punto de inflexión importante en el viaje anual de la naturaleza a través de las estaciones.

Dedicar nuestra atención a la Rueda del Año nos permite sintonizar mejor con los ciclos energéticos de la naturaleza y escuchar lo que esta nos está susurrando (¡o gritando!), en lugar de ir en contra de las mareas estacionales. ¿Qué mejor momento para el comienzo de nuevos proyectos que la primavera, cuando la tierra vuelve a despertar después de un largo invierno y, de pronto, todo comienza a florecer, a crecer y a brotar del suelo otra vez? Y, ¿acaso hay una mejor ocasión para meditar y planificar que durante el letargo introspectivo del invierno? Con la colección *Los ocho sabbats* aprenderás a centrarte en los aspectos espirituales de la Rueda del Año, a cómo transitar por ella en armonía, y celebrar tu propio crecimiento y tus logros. Tal vez, este sea tu primer libro sobre Wicca, brujería o paganismo, o la incorporación más reciente a una librería (digital o física) ya repleta de conocimiento mágico. En cualquier caso, esperamos que encuentres aquí algo de valor que puedas llevarte contigo en tu viaje.

Haz un viaje a través de la Rueda del Año

Cada uno de los ocho sabbats marca un punto importante de los ciclos anuales de la naturaleza. Se representan como ocho radios situados de forma equidistante en una rueda que representa el año completo; las fechas en las que caen también están situadas de forma casi equidistante en el calendario.

La Rueda está compuesta por dos grupos, cada uno de cuatro festividades. Hay cuatro festivales solares relacionados con la posición del sol en el cielo, que dividen el año en cuartos: el equinoccio de primavera, el solsticio de verano, el equinoccio de otoño y el solsticio de invierno. Todos ellos se fechan de forma astronómica y, por lo tanto, varían ligeramente de un año a otro.

N

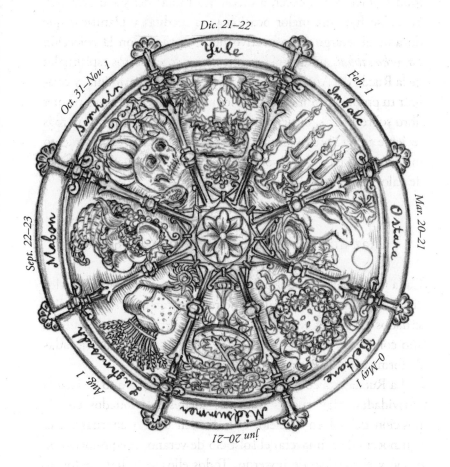

Rueda del Año - hemisferio norte
(Todas las fechas de los solsticios y los equinoccios son aproximadas, y habría que consultar un almanaque o un calendario para averiguar las fechas correctas de cada año)

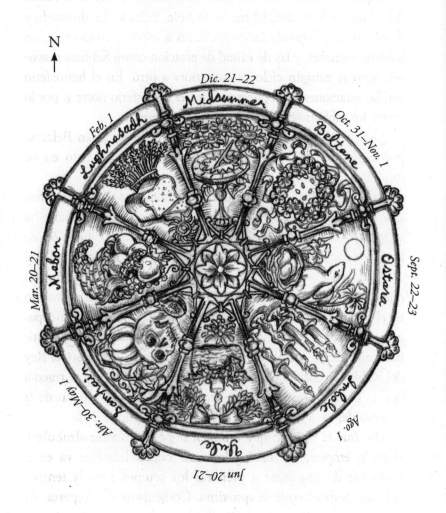

N

Dic. 21–22
Midsummer

Feb. 1
Lughnasadh

Oct. 31–Nov. 1
Beltane

Mar. 20–21
Mabon

Sept. 22–23
Ostara

Abr. 30–May. 1
Bonyear

Imbolc

Ago. 1

Yule

Jun. 20–21

Rueda del Año - hemisferio sur

Entre estas festividades se encuentran las festividades de mitad del cuarto, o festivales del fuego: Imbolc, Beltane, Lughnasadh y Samhain. Las festividades estacionales a veces se conocen como Sabbats menores, y las de mitad de estación como Sabbats mayores, aunque ningún ciclo es «superior» a otro. En el hemisferio sur, las estaciones son opuestas a las del hemisferio norte y, por lo tanto, los sabbats se celebran en fechas diferentes.

Aunque el libro que estás leyendo se centra solo en Beltane, puede resultar útil saber cómo encaja dentro del ciclo en su totalidad.

El solsticio de invierno, también conocido como Yule o festividad de mitad del invierno, tiene lugar cuando la noche ha alcanzado su duración máxima; después de este, la duración de los días comenzará a incrementarse. Aunque la fría oscuridad está sobre nosotros, ya se aviva la esperanza de los días más luminosos que están por llegar. En la tradición wiccana, este es el momento en el que nace el joven dios solar. En algunas tradiciones neopaganas, este es el momento en el que el Rey del Acebo está destinado a perder la batalla contra su hermano más luminoso, el Rey del Roble. Se encienden velas, se degustan manjares, y se traen a la casa plantas perennes como recordatorio de que, a pesar de la crudeza del invierno, la luz y la vida siempre prevalecen.

Durante el Imbolc (que también se puede escribir «Imbolg»), el suelo empieza a descongelarse, lo que indica que ya es el momento de comenzar a preparar los campos para la temporada de sembrado que se aproxima. Comenzamos a despertar de nuestros meses de introspección y empezamos a organizar lo que hemos aprendido durante ese tiempo, además de dar los primeros pasos para hacer planes de cara al futuro. Algunos wiccanos también bendicen velas durante el Imbolc, otra forma simbólica de invocar a la luz, que ahora es ya perceptiblemente más fuerte.

En el equinoccio de primavera, también conocido como Ostara, la noche y el día vuelven a tener la misma duración y, a partir de entonces, los días comenzarán a ser más largos que las noches. El equinoccio de primavera es un momento de renovación, de plantar semillas ahora que la tierra ha vuelto a la vida una vez más. Decoramos huevos como símbolo de esperanza, vida y fertilidad, y realizamos rituales para cargarnos de energía con la que poder encontrar el poder y la pasión para vivir y crecer.

En las sociedades agrícolas, el Beltane señalaba el comienzo del verano. Se sacaba al ganado a pastar en abundantes prados, y los árboles se llenaban de flores hermosas y fragantes. Se realizaban rituales para proteger las cosechas, el ganado y la gente. Se encendían fuegos y se hacían ofrendas con la esperanza de conseguir la protección divina. En la mitología wiccana, el dios joven fecundaba a la diosa joven. Todos tenemos algo que queremos cosechar para cuando acabe el año, planes que estamos decididos a cumplir, y el Beltane es un momento estupendo para poner en marcha ese proceso de forma entusiasta.

El solsticio de verano es el día más largo del año. También se llama Litha, la festividad de mitad del verano. Las energías del sol están en su cúspide, y el poder de la naturaleza se encuentra en su punto más álgido. En la tradición wiccana, este es el momento en el que el dios solar es más fuerte que nunca (de modo que, de forma paradójica, su poder ya solo puede comenzar a disminuir) tras haber fecundado a la diosa doncella, que se transforma entonces en la madre tierra. En algunas tradiciones neopaganas es aquí cuando el Rey del Acebo vuelve a enfrentarse a su aspecto más luminoso, y, en esta ocasión, vence al Rey del Roble. Por lo general, se trata de un momento de grandes alegrías y celebraciones.

En el Lughnasadh, la cosecha principal del verano ya ha madurado. Realizamos celebraciones, participamos en juegos, expresamos la gratitud que sentimos y disfrutamos de los festines que preparamos. También se conoce como Lammas, y es el momento en el que celebramos la primera cosecha; ya sea relativa a los cultivos que hemos plantado o los frutos que han dado nuestros primeros proyectos. Para celebrar la cosecha de grano, a menudo se hornea pan durante este día.

El equinoccio de otoño, también conocido como Mabon, señala otro importante cambio estacional y una segunda cosecha. El sol brilla por igual en ambos hemisferios, y la duración de la noche y del día es la misma. Después de este momento, las noches comenzarán a ganar terreno a los días. En conexión con la cosecha, este día se celebra un festival de sacrificio al dios moribundo, y se paga un tributo al sol y a la tierra fértil.

Para el pueblo celta, el Samhain señalaba el comienzo de la estación del invierno. Este era el momento en el que se sacrificaba al ganado y se recogía la cosecha final antes de la inevitable caída a las profundidades de la oscuridad del invierno. Se encendían fuegos para guiar en su camino a los espíritus errantes, y se hacían ofrendas en nombre de los dioses y de los antepasados. El Samhain se veía como un comienzo, y hoy en día se suele considerar el Año Nuevo de las brujas. Honramos a nuestros antepasados, reducimos nuestras actividades, y nos preparamos para los meses de introspección que están por delante... y el ciclo continúa.

La relación del pagano moderno con la Rueda

El paganismo moderno se inspira en muchas tradiciones espirituales precristianas, lo cual queda ejemplificado en la Rueda del Año. El ciclo de los ocho festivales que reconocemos a través del paganismo moderno nunca se celebró por completo en ninguna cultura precristiana en particular. En los años cuarenta y cincuenta, un hombre británico, llamado Gerald Gardner, creó la nueva religión de la Wicca mezclando elementos de una variedad de culturas y tradiciones, a través de la adaptación de prácticas de religiones precristianas, creencias animistas, magia popular y distintas disciplinas chamánicas y órdenes esotéricas. Combinó las tradiciones multiculturales de los equinoccios y los solsticios con los días festivos celtas y las primeras celebraciones agrícolas y pastorales de Europa para crear un modelo único que se convirtió en el marco del año ritual de la Wicca.

Los wiccanos y las brujas, así como muchos paganos eclécticos de diversa índole, siguen de forma popular el año ritual wiccano. Algunos paganos tan solo celebran la mitad de los sabbats, ya sean los de los cuartos o los que se sitúan en mitad del cuarto. Otros paganos rechazan la Rueda del Año en su totalidad y siguen un calendario de festivales basado en la cultura del camino específico que sigan, en lugar de un ciclo agrario basado en la naturaleza. Todos tenemos unos caminos tan singulares en el paganismo que es importante no dar por hecho que el camino de los demás será el mismo que el nuestro; mantener una actitud abierta y positiva es lo que hace prosperar a la comunidad pagana.

Muchos paganos adaptan la Rueda del Año a su propio entorno. La Wicca ha crecido hasta convertirse en una auténtica religión global, pero pocos de nosotros vivimos en un clima que refleje los orígenes de la Wicca en las islas británicas. Aunque tradicionalmente el Imbolc es el comienzo del deshielo y el despertar de la tierra, puede ser el punto más álgido del invierno en muchos climas del norte. Y, aunque el Lammas pueda ser una celebración de agradecimiento por la cosecha para algunos, en áreas propensas a las sequías y a los fuegos forestales puede ser una época del año peligrosa e incierta.

También hay que tener en cuenta los dos hemisferios. Cuando es invierno en el hemisferio norte, es verano en el hemisferio sur. Mientras los paganos de América del Norte están celebrando el Yule y el Solsticio de Invierno, los paganos de Australia celebran el festival de mitad del verano. Las propias experiencias vitales del practicante son más importantes que cualquier dogma escrito en un libro cuando se trata de celebrar los sabbats.

En línea con ese espíritu, tal vez desees retrasar o adelantar las celebraciones, de modo que sus correspondencias estacionales encajen mejor con tu propio entorno, o puede que quieras enfatizar distintos temas para cada sabbat según tus propias experiencias. Esta serie de libros debería ayudarte a que dichas opciones te resulten fáciles y accesibles.

Sin importar el lugar del globo en el que vivas, ya sea en un entorno urbano, rural o suburbano, puedes adaptar las tradiciones y las prácticas de los sabbats de modo que encajen con tu propia vida y con tu entorno. La naturaleza nos rodea por todas partes; por mucho que los seres humanos intentáramos aislarnos de los ciclos de la naturaleza, estos cambios estacionales recurrentes son ineludibles. En lugar de nadar contracorriente, muchos paganos modernos abrazamos las energías únicas que hay en cada estación, ya sean oscuras, luminosas o algo intermedio, e integramos esas energías en los aspectos de nuestra propia vida diaria.

La serie de Los ocho sabbats te ofrece toda la información que necesitas para hacer precisamente eso. Cada libro será parecido al que tienes ahora entre las manos. El primer capítulo, *Las tradiciones antiguas*, comparte la historia y la sabiduría que se han ido transmitiendo desde la mitología y las tradiciones precristianas, hasta cualquier vestigio que todavía quede patente en la vida moderna. *Las tradiciones modernas* abordan esos temas y elementos y los traducen a las formas bajo las que muchos paganos modernos festejan y celebran cada sabbat. El siguiente capítulo se centra en *Hechizos y adivinación*; se trata de fórmulas apropiadas para la estación y basadas en la tradición popular, mientras que el siguiente, *Recetas y artesanía*, te ofrece ideas para decorar tu hogar y hacer artesanía y recetas que aprovechen las ofrendas estacionales. El capítulo *Oraciones e invocaciones* te proporciona llamamientos y oraciones, ya preparados, que puedes emplear en rituales, meditaciones o en tu propia introspección. El capítulo de los *Rituales de celebración* te proporciona tres rituales completos: uno para realizar en solitario, otro para dos personas, y otro para un grupo completo, como un aquelarre, círculo o agrupación. Siéntete libre de adaptar todos los rituales o alguno de ellos a tus propias necesidades, sustituyendo tus propias ofrendas, llamamientos, invocaciones, hechizos mágicos y demás.

Cuando planees un ritual en grupo, trata de prestar atención a cualquier necesidad especial que puedan tener los participantes. Hay muchos libros maravillosos disponibles que se adentran en los detalles específicos de hacer los rituales más accesibles si no tienes experiencia en este ámbito. Por último, en la parte final de cada título encontrarás una lista completa de correspondencias para la festividad, desde los temas mágicos y las deidades hasta comidas, colores, símbolos y más.

Para cuando termines este libro, tendrás la inspiración y los conocimientos necesarios para celebrar el sabbat con entusiasmo. Honrando la Rueda del Año reafirmamos nuestra conexión con la naturaleza de modo que, mientras continúa con sus ciclos infinitos, seamos capaces de dejarnos llevar por la corriente y disfrutar del trayecto.

LAS TRADICIONES
ANTIGUAS

...nings, birth, renewal, rejuvenation, balance, fertility, chang...

...th, vernal equinox, sun enters Aries, Libra in the Sou...

...n Man, Amalthea, Aphrodite, Blodeuwedd, Eostre, Eo...

...lora, Freya, Gaia, Guinevere, Persephone, Libera, M...

...t, Umay, Vila, Aengus MacOg, Cernunnos, Herma, The...

...Mabon Osiris, Pan, Thor, abundance, growth, health, ea...

...aling, patience understanding virtue, spring, honor, contentme...

...abilities, spiritual truth, intuition, receptivity, love, inner se...

...ment, spiritual awareness, purification, childhood, innocence,...

...creativity, communication, concentration, divination, harmo...

...ties, prosperity, attraction, blessings, happiness, luck, money,...

...dance, visions, insight, family, wishes, celebrating life cyc...

...hip, courage, attracts love, honesty, good health, emotions,...

...rovement, influence, motivation, peace, rebirth, self preserva...

...e power, freedom, optimism, new beginnings, vernal equinox...

...tion, sun, apple blossom, columbine, crocus, daffodil, daisy,...

...honeysuckle, jasmine, jonquil, lilac, narcissus, orange blossom,...

...rose, the fool, the magician, the priestess, justice, the star,...

...thering growth abundance eggs seeds honors dill orange...

En este capítulo exploraremos parte de la historia y la tradición que rodea al festival de Beltane para ofrecerte una fuente de inspiración con la que satisfacer la sed de tu propia creatividad y de tu propio espíritu de innovación. Nosotros, los amantes de la brujería, siempre hemos honrado la tradición y al mismo tiempo la hemos adaptado para integrarla mejor en nuestra propia experiencia con el mundo natural que nos rodea. Como verás, el Beltane ha sido celebrado de muchas maneras diferentes, cada una de ellas única en su tiempo y lugar, pero los temas comunes de crecimiento, protección, abundancia, fertilidad, luz, amor y sexualidad han estado siempre presentes en esta festividad primaveral.

El Beltane es el día de mitad del cuarto que cae aproximadamente a medio camino entre el equinoccio de primavera y el solsticio de verano, un momento en el que los días se alargan y la fuerza del sol aumenta. Tiene lugar seis meses después del Samhain, otra de las fiestas de mitad del cuarto. El Beltane es una época en la que las flores comienzan a florecer y las plantas empiezan a crecer de nuevo. Es una época de fertilidad y crecimiento; un momento para celebrar el amor, la luz y la sexualidad.

Según la metáfora wiccana, el Beltane puede ser visto como el momento en el que el Dios Cornudo, deidad solar, ha crecido hasta convertirse en un lujurioso joven listo para aparearse con la diosa lunar de la tierra, o diosa triple, en su aspecto juvenil y sensual de doncella ya madura para que dé comienzo la fertilización.

Se trata de la época del año en la que el Rey del Roble, que simboliza la mitad más luminosa del dios de la tierra, reina en supremacía tras haber triunfado sobre su hermano gemelo, que es su rival y su lado más oscuro, el Rey del Acebo, en el solsticio de invierno anterior. El Rey del Acebo y el Rey del Roble no son ideas originalmente celtas, como a menudo se cree. Estos arquetipos se popularizaron por primera vez en el libro de Robert Graves *The White Goddess* (*La Diosa Blanca*), y pueden entenderse como representaciones del sempiterno y atemporal mito de la batalla anual entre el invierno y el verano, la oscuridad y la luz, que encontramos en muchas culturas (Bramshaw, 222). Según Graves, mientras que el Rey del Acebo gobierna la mitad más oscura y menguante del año, una época en la que el sol se desvanece y los días se acortan, el Rey del Roble predomina sobre la mitad creciente, más luminosa y brillante del año.

Las celebraciones del Beltane suelen comenzar al atardecer del 30 de abril y terminar al atardecer del 1 de mayo (del 31 de octubre al 1 de noviembre en el hemisferio sur). Sin embargo, hay otras formas de celebrar este festival. Puedes programarlo para que caiga exactamente entre el equinoccio de primavera y el solsticio de verano, en cuyo caso, si eres una bruja del hemisferio norte, celebrarías tu fiesta cuando la longitud eclíptica del sol alcance los 45 grados. Puedes determinar la fecha observando las señales de la naturaleza. En las tierras celtas, los espinos solían estar en su etapa de floración cuando llegaba el momento adecuado para el festival; podrías, por ello, decidir celebrar el Beltane cuando salgan las flores de los espinos u otros árboles espinosos con flores de tu zona. El festival celta del Beltaine se correspondía con el momento en que se llevaba al ganado a los pastos de verano para pastar; si te dedicas a la ganadería, puedes optar por planificar tu propia celebración del Beltane para que se sincronice de la misma manera.

Al igual que algunos druidas del pasado y del presente, también puedes determinar la fecha adecuada siguiendo el movimiento de las estrellas. Puedes hacer coincidir tu celebración con el punto en el que el sol se sitúe a 15 grados con respecto a la constelación de Tauro. Tauro, simbolizado por el toro, es uno de los cuatro signos cardinales fijos del zodiaco y un importante «punto de energía» en el año astrológico. Los druidas, según Julio César, daban gran importancia al conocimiento de «las estrellas y sus movimientos» (Littleton), y se creía que su posición en relación con la tierra y el sol influía en la vida cotidiana de los humanos, conectando a las personas con las corrientes energéticas de la naturaleza, siempre cambiantes. Con el toro Tauro como su regente astrológico, el Beltane trae consigo energías capaces de renovar la vida y potenciar el crecimiento. Es un momento de aumento de la fuerza, la vitalidad, la fertilidad y la sexualidad. Es un momento para conectar con las energías vivas del universo, un momento para dar las gracias y un momento para pedir que continúen las bendiciones y obtener protecciones sobrenaturales. En definitiva, el Beltane es una ocasión para prosperar y crecer.

El Beltane, tal y como lo conocemos los paganos modernos, tiene sus raíces en la antigua fiesta romana de la Floralia, así como en la antigua fiesta celta precristiana de Beltaine y en otras celebraciones europeas del Primero de Mayo. Nuestro Beltane moderno es una amalgama de muchas tradiciones diferentes, una mezcla de culturas, creencias y costumbres que reflejan un impulso común para dar la bienvenida a la llegada de mayo, a las temperaturas más cálidas y a la vegetación floreciente.

Nuestro Beltane neopagano moderno toma prestado su nombre y algunas de sus costumbres más destacadas de la antigua fiesta celta precristiana del Beltaine, que celebraba el punto medio del año celta y el comienzo de la estación de verano. Los celtas antiguos entendían el año como algo dual: la mitad más oscura y fría del año, que comenzaba en Samhain y coincidía con el momento en que se sacrificaba el ganado, y la mitad más luminosa y cálida del año, que comenzaba en el Beltaine y marcaba el momento en que se llevaba al ganado a pastar a los prados de verano.

El Beltaine se celebraba en Irlanda, Escocia y la Isla de Man, y muchas de sus costumbres se adoptaron en otras zonas de Gran Bretaña y Europa. Los irlandeses conocían este festival como *Bealtaine*, y *Bealltainn* en gaélico escocés; ambos nombres derivados de una palabra celta común que significa «fuego brillante».

Es posible que el festival del Beltaine estuviera relacionado en un principio con el culto al dios celta Belenus. Belenus era una deidad muy reconocida que estaba asociada a la curación, y su culto se remonta a los tiempos prehistóricos (Jordan, 48). Belenus está estrechamente relacionado con el Apolo romano, un dios de la luz y el sol. En la cultura celta Belenus estaba asociado con las fuentes, la salud y el estilo de vida pastoril. Belenus está vinculado a los símbolos de la piedra con forma fálica, el toro, el caballo y el roble. Al ser uno de los altos dioses celtas, Belenus era conocido en Irlanda, Escocia, Gales, Francia, Italia, España, Inglaterra y otros lugares. Algunos nombres alternativos para él eran Belen, Belenos, Belinus, Bellinus, Bélénos, Belennos, Bel y otros apelativos, según el lugar, el idioma y la tradición. Las inscripciones sobre Belenus se encuentran en muchos sitios, principalmente en Francia e Italia, pero también en otros lugares de Europa. Incluso se han encontrado inscripciones sobre Belenus en Norteamérica. En un yacimiento de New Hampshire llamado Mystery Hill, un complejo de 30 acres que se cree que fue un sitio ritual para los primeros exploradores europeos, se encontró entre otros hallazgos una lápida de piedra con una inscripción Ogham, que se traduce como «Dedicado a Bel» (Ángel; Fleming).

Aunque hay muy pocos registros históricos y aún menos pruebas arqueológicas que arrojen muchos detalles sobre los primeros rituales celtas para el Beltaine, podemos suponer que se centraban principalmente en la protección del ganado, las cosechas, los productos lácteos y las personas, y en el fomento de la fertilidad y el crecimiento. Mientras que el Samhain era un momento para conectar con las energías más oscuras, el Beltaine era un momento para sintonizar con la corriente de la vida, la renovación y el optimismo.

El fuego parece haber desempeñado un papel importante en las ceremonias del Beltaine. La primera mención del festival del Beltaine se encuentra en un texto medieval de Irlanda escrito por Cormac, obispo de Cashel y rey de Munster. El texto habla de una fiesta que se celebraba el 1 de mayo para señalar el comienzo del verano, y describe un ritual de fuego realizado en esta época por los druidas. Se hacían dos hogueras y, mientras se pronunciaban ensalmos, se obligaba al ganado a pasar entre los dos torrentes de llamas furiosas. Otra de las primeras menciones al Beltaine procede del historiador del siglo XVII Geoffrey Keating, quien describe una enorme reunión en la colina de Uisneach, en Irlanda, en la que se hacían dos hogueras, se obligaba al ganado a pasar entre las llamas y se hacía un sacrificio a un dios llamado Bel. Se creía que estas acciones protegían al ganado de las enfermedades y, por lo tanto, salvaguardaban el suministro de productos lácteos y de carne, que eran elementos importantes de la dieta de los celtas (Hyde, 90).

Los fuegos domésticos se apagaban en el Beltaine y luego se volvían a encender a partir del fuego de las hogueras comunitarias. Tanto el ganado como las personas caminaban entre las dos hogueras encendidas, o también podían dar una vuelta alrededor del fuego o saltar por encima de las llamas como un acto mágico destinado a garantizar una buena cosecha.

Sabemos mucho más sobre las costumbres del Beltaine a partir de finales del siglo XVIII, ya que estas tradiciones acabaron ganándose el interés de los folcloristas, que consideraron prudente dejar constancia de las continuaciones de este rito pagano que había perdurado durante tanto tiempo.

Muchas de las costumbres del Beltaine permanecieron relativamente inalteradas a lo largo de los siglos. Las hogueras del Beltaine mantuvieron su popularidad y, a lo largo del siglo XIX, la práctica de conducir al ganado entre dos hogueras para garantizar su salud y protección era común en muchas partes de Irlanda.

Las hogueras de Beltaine se encendían únicamente con la fricción. Esta hoguera se consideraba sagrada y se llamaba *needfire*, algo así como «fuego necesario». En Irlanda se utilizaban una rueda y un huso para crear el fuego necesario; la rueda era un emblema del sol y, por tanto, un símbolo perfecto con el que prender una hoguera para el Beltaine. En las islas de Skye, Mull y Tiree, no muy lejos de la costa de Escocia, se utilizaban una tabla de roble con un agujero en el centro y una barrena también de roble. En algunas zonas de Escocia, la fricción se creaba con un marco cuadrado de madera recién cortada con un eje en el centro. En ocasiones, varias personas que trabajaban en equipo tenían que manejar estos aparatos. Si alguno de ellos era culpable de asesinato, robo, adulterio u otros delitos atroces, se creía que el fuego no se encendería, que perderían sus bienes o que sus propiedades sufrirían daños. Una vez creadas las chispas con éxito, se aplicaba una especie de hongo agaricáceo[1] muy combustible que crece en los abedules, lo que provocaba un estallido instantáneo de llamas a partir del cual se encendía el resto del fuego.

En Gales, incluso la recogida de leña para el fuego sagrado del Beltaine se realizaba con gran ceremonia. Se elegían nueve hombres para ir al bosque a coger palos y ramas de nueve tipos diferentes de árboles. Antes de hacerlo, debían vaciar sus bolsillos de cualquier moneda u objeto metálico que pudieran contener. Una vez reunida la madera, se segaba un gran círculo en el césped, se colocaba la madera sagrada en el centro y se le prendía fuego.

Se consideraba que los fuegos del Beltaine tenían propiedades mágicas. Se creía que sus llamas, sus brasas, sus cenizas y su humo eran capaces de conceder salud y protección. En la Isla de Man, la gente hacía que el humo de las hogueras soplara sobre ellos mismos y su ganado, creyendo que esto garantizaría su vitalidad y salud. Una vez apagado el fuego, las cenizas se esparcían sobre los cultivos para potenciar la fertilidad de la tierra. Algunos teóricos creen que las hogueras pretendían representar al sol y, por tanto, se utilizaban en un sentido metafórico para garantizar un suministro adecuado de luz solar. Otros teóricos creen que los fuegos tenían un sentido purificador en el que la propiedad destructiva del fuego se utilizaba para destruir cualquier influencia maligna (tanto natural como «sobrenatural») que pudiera amenazar la salud de las personas, los animales y los cultivos.

Una interesante costumbre practicada en las Tierras Altas de Escocia consistía en cocer un bizcocho de avena especial junto al gran fuego del Beltaine. El bizcocho se formaba con nueve bultos elevados en su superficie y, a medida que los bultos se rompían uno a uno, se arrojaban a las llamas y se ofrecían como sacrificio para pedir protección para el ganado ante cualquier peligro. Podían dedicar uno de los trozos al ganado y el resto a cada una de las posibles amenazas, como el zorro u otros depredadores, y así sucesivamente, hasta que se acabara el bizcocho.

Otra tradición escocesa consistía en cocer un pastel de avena en el fuego y luego dividirlo en tantos trozos como personas presentes hubiere. Un trozo del bizcocho se marcaba con carbón y se echaba en un bonete junto con los trozos no marcados. Con los ojos vendados o cerrados, cada uno sacaba un trozo de bizcocho del bonete. El que sacaba el trozo ennegrecido se convertía en la desafortunada víctima de las burlas y de un simulacro de sacrificio. La víctima se conocía como *cailleach beal-tine*, es decir, «la anciana de Beltain», y se la arrojaba de forma simulada a las llamas de la hoguera, aunque también existía la alternativa de obligarla a saltar sobre el fuego tres veces. A continuación, se le bombardeaba con una lluvia de huevos, y durante los días siguientes se hablaba de la víctima como si estuviera muerta. Esto puede sonar desagradable, pero teniendo en cuenta que la historia y la arqueología muestran evidencias de sacrificios humanos reales en otras tierras celtas como Inglaterra, la tradición del *cailleach beal-tine* puede parecer hasta relativamente inofensiva.

El fuego no era el único elemento protagonista durante el Beltaine. También se creía que el agua tenía un poder sobrenatural. Se pensaba que el rocío matutino del día del Beltaine estaba impregnado de poderes mágicos, capaces de preservar la juventud, curar enfermedades de la piel y mejorar la belleza y el atractivo sexual. Los druidas recogían el rocío en una piedra hueca antes de la salida del sol en la mañana del Primero de Mayo. Quien fuera ungido con esta agua sagrada podía esperar salud y felicidad. Las mujeres jóvenes solían revolcarse en el rocío celestial en la mañana del Beltaine o simplemente se mojaban la cara. A veces, el rocío se recogía en una jarra y se dejaba a la luz del sol. Luego se filtraba y se guardaba para utilizarlo durante todo el año como una poción versátil para la belleza, la curación y mucho más (MacLeod, 165).

La gente también solía visitar los pozos sagrados durante el festival, y se creía que la primera agua extraída de un pozo en la mañana del Beltaine era extremadamente potente y mágica. Solían caminar en el sentido de las agujas del reloj alrededor del pozo para imitar la dirección del sol que se movía de este a oeste, y luego entregaban ofrendas de monedas u otros pequeños obsequios al espíritu que residía en el pozo sagrado con la esperanza de obtener su favor y bendición. A veces se arrojaban pequeñas tiras de ropa al pozo con el fin de curar las enfermedades y otros males (Monaghan, 41-42).

Las flores también desempeñaban un papel importante en las celebraciones del Beltaine. Hasta finales del siglo XIX, era una práctica común en Irlanda, Escocia y la Isla de Man engalanar los salones y otras estancias con flores cuando llegaba esta festividad. Las flores amarillas eran las más utilizadas, ya que este color simboliza el fuego y el sol. La prímula, el espino, el serbal, la caléndula de los pantanos y la aliaga se elegían con frecuencia por su colorida floración amarilla. Se esparcían flores por el umbral de la casa para garantizar la protección mágica. También se adornaba a las vacas con guirnaldas de flores, e incluso las herramientas utilizadas en el proceso de elaboración de la mantequilla y la leche recibían el mismo tratamiento.

Estas costumbres se consideraban una sabia medida frente a los *sídhe*, un tipo de espíritu parecido a un hada que se creía que hacía travesuras. Se pensaba que eran especialmente activos durante el Beltaine (al igual que en el Samhain), y los productos lácteos solían ser víctimas de sus travesuras. Como precaución adicional, se colocaban pequeñas ofrendas de comida y bebida en las zonas frecuentadas por los *sídhe* con la esperanza de apaciguar a los espíritus y evitar que se vengaran (MacLeod, 166). Otros métodos para ahuyentar los ataques de los *sídhe* eran ponerse la ropa del revés o llevar un pequeño trozo de hierro, una sustancia a la que durante mucho tiempo se le atribuyeron cualidades protectoras y de bloqueo contra la brujería.

En la isla de Man, la llegada de mayo se celebró durante siglos con bailes en el sentido de las agujas del reloj en honor al sol. También se quemaban arbustos por toda la isla con la esperanza de desterrar a las brujas y hadas que se creía se refugiaban entre ellos.

A mediados del siglo XX, el festival del Beltaine ya prácticamente había desaparecido, pero muchas de sus costumbres continuaron mezclándose con las celebraciones primaverales más seculares. En los últimos años, el festival ha revivido en muchos lugares, celebrándose como un evento cultural comunitario. Algunas tradiciones no han necesitado ser revividas. En Arklow (Irlanda), la costumbre de hacer fuego durante el Beltaine ha continuado hasta nuestros días, aunque no siempre se considera un asunto sagrado. En la edición del 5 de mayo de 2005 de *Wicklow People*, se informó de que algunos residentes aprovecharon las hogueras del Beltaine para deshacerse de muebles viejos y otros enseres domésticos no deseados, quemándolos en alguna de las varias hogueras de Arklow que ardieron con fuerza durante la víspera del Primero de Mayo.

Los celtas eran una de las muchas culturas que honraban la llegada de mayo con rituales, ceremonias y magia. Pero, las primeras celebraciones del Primero de Mayo que conocemos con certeza se remontan a tiempos de la antigua Roma. Los romanos celebraban una fiesta anual en honor de la diosa Flora a finales de abril y principios de mayo. En la época republicana, la fiesta tenía seis días de duración y comenzaba el 27 de abril, o el 28 de abril en el calendario juliano. Según Ovidio, la primera Floralia, que es como se llamaba la fiesta, se celebró en el año 238 a. C. para conmemorar la fundación del templo de la diosa Flora, construido por consejo de un oráculo (los Libros Sibilinos) tras un periodo de dura sequía (Futrell, 25-27). Flora era una diosa de la fertilidad, la vegetación y las flores; una dama sagrada que estaba a cargo de las cosas que crecen. Uno de sus apelativos era el de «diosa de la floración de las plantas». Importada de Grecia, era el equivalente romano de Chloris, la diosa griega de las flores.

Los mitos que nos relata Ovidio cuentan la historia del nacimiento divino de Flora. Flora, originalmente una ninfa llamada Cloris que residía en la tierra celestial de Elíseo, había salido a pasear un buen día de primavera. Su indescriptible belleza atrajo las atenciones de Céfiro, también conocido como el Viento del Oeste. Céfiro quería a la bella ninfa y comenzó a perseguirla. Cloris corrió, pero no pudo huir del viento. Trató de luchar, pero no era rival para la fuerza de Céfiro. Este la violó (aunque algunos relatos lo reducen a un beso), y después la convirtió en su esposa, otorgándole el título de Flora, diosa de todas las plantas en flor de la tierra.

Otros mitos relatan cómo Flora ayudó una vez a la diosa Juno a concebir a un hijo mediante una planta mágica. Tal y como relatan sus mitos, Flora estaba estrechamente asociada a la sexualidad, la fertilidad y el florecimiento de la naturaleza. Según los mitos, Flora fue la primera en esparcir semillas por la tierra, originalmente monocromática, para dotar de color los paisajes.

El festival de la Floralia, que se celebraba en honor de la diosa Flora, incluía juegos, representaciones mímicas, jolgorio, *striptease*, fiestas, bailes y un ambiente de libertad sexual, placer y desenfreno. Al principio, la Floralia se celebraba solo de forma ocasional, cuando se consideraba que las cosechas estaban en peligro. Sin embargo, en el año 173 a. C., tras una época de problemas con los cultivos muy frecuentes, la Floralia se convirtió en un evento anual, ya que se creía que ayudaba a garantizar el favor de la diosa y a fomentar la fertilidad de las cosechas, el ganado y las personas.

Se hacían ofrendas de flores a Flora y, el primero de mayo, en nombre de Maia, una diosa del crecimiento que da nombre al mes, también se celebraba una ceremonia en la que se soltaban varias liebres y cabras en la plaza de la comunidad para que fueran cazadas, ya que se creía que estos animales, sexualmente activos y ambiciosos, simbolizaban la fertilidad. Como otra forma de aumentar y fomentar la fertilidad, la multitud del festival recibía un aluvión de «medallas con representaciones obscenas», vezas[2], altramuces[3] y diversas clases de judías, pues se pensaba que todas ellas simbolizaban energías fértiles (Fowler, 94).

Las flores eran una característica obvia y prominente de la Floralia, por lo que estaban muy presentes , desde sobre las mesas del banquete hasta como parte del atuendo de los ciudadanos. Se colgaban guirnaldas en las puertas, y los asistentes a la fiesta llevaban coronas de flores en la cabeza. Las imágenes de la diosa Flora se adornaban con flores y se llevaban en procesión hasta los árboles florecidos.

Aunque en última instancia se trataba de un acontecimiento serio que expresaba una gran reverencia por Flora, el festival tenía un fuerte elemento predominante de diversión. La gran cantidad de vino, de cantos y de bailes bulliciosos creaban una atmósfera de desenfreno, cuyo ruido se creía que ayudaba a la naturaleza a despertarse por completo y a llenarse de energía después de un largo letargo invernal. Se acostumbraba a llevar ropas brillantes y de múltiples colores, en lugar del blanco habitual. También se fomentaba la promiscuidad.

El último día del festival, un grupo de prostitutas se reunía y realizaba un *striptease* ante el público. Otros entretenimientos ideados para la Floralia eran igualmente exóticos. Galba, que fue emperador romano entre los años 68 y 69 de la Era Común, acogió una vez a un elefante equilibrista en la celebración.

A medida que el Imperio Romano extendía sus tradiciones culturales por toda Europa, muchas costumbres de Floralia se mezclaron con las fiestas locales de primavera ya existentes. Muchas culturas precristianas consideraban el mes de mayo como el inicio de la estación estival y lo celebraban con ritos de fertilidad y otras festividades ceremoniales. Con el tiempo, lo que antes era un ritual sagrado se convirtió en una celebración secular, evolucionando hacia las costumbres locales del Primero de Mayo que siguen practicándose a lo largo de toda Europa y América. El Primero de Mayo se convirtió en una combinación de tradiciones romanas y locales que, al igual que nuestras celebraciones modernas, reflejaban una mezcla de tradiciones.

Como celebración de la fertilidad y el crecimiento, las costumbres del Primero de Mayo solían girar en torno a las flores, la vegetación y los temas sexuales. Era habitual que hombres y mujeres jóvenes se adentraran en el bosque la víspera de la festividad y salieran por la mañana con los brazos llenos de follaje. Las flores y las ramas frondosas se llevaban al pueblo como muestra de buena voluntad y para atraer la buena suerte. A veces, los aldeanos se lanzaban flores unos a otros. Los niños varones solían usar las varitas de mayo, que se fabricaban arrancando la corteza de una rama de sauce blanco y colocando algunas prímulas[4] en la parte superior (Fosbroke, 651).

Una de las costumbres europeas más populares del Primero de Mayo que muestra sus antiguas raíces es la muñeca de mayo. Los niños hacían muñecas sencillas a partir de elementos naturales, o elegían una muñeca ya existente y la vestían con flores frescas. Después, se hacía desfilar a las muñecas de mayo por la ciudad, al igual que los romanos llevaban su imagen decorativa de la Floralia por las calles de su Imperio. A veces, la muñeca de mayo se colocaba en medio de un jardín lleno de vegetación o se fijaba en una estructura formada por dos aros cruzados.

Otra tradición clásica del Primero de Mayo que se hizo popular en muchas partes de Europa fue el Arbusto de Mayo. Suele ser un pequeño árbol espinoso que se adorna con flores, cintas y conchas pintadas o trozos de tela de colores. Había arbustos de mayo domésticos que se colocaban en el exterior de las casas y arbustos de mayo comunitarios situados en zonas públicas. A veces, el arbusto de mayo se paseaba por el barrio para que todos lo vieran. Se creía que bailar a su alrededor era un método eficaz para asegurar la buena suerte, tal vez como un homenaje al antiguo culto que reflejaba la creencia en el poder mágico del espíritu del árbol.

En algunos lugares, como Dublín y Belfast, se convirtió en una tradición que toda la comunidad decorara sus arbustos de mayo juntos, y los barrios disfrutaban de la competencia amistosa de intentar crear el arbusto de mayo más bonito. El espíritu competitivo a menudo daba lugar a las bromas pesadas, ya que los grupos de vecinos solían robar los arbustos de mayo de sus rivales. Esta práctica se convirtió en un problema tan grande en algunos lugares que, en la época victoriana, se llegó a prohibir el Arbusto de Mayo.

Muy parecido al Arbusto de Mayo es el Palo de Mayo. Por lo general, se hacía a partir de un árbol alto al que se le han quitado las ramas, y tiene un evidente simbolismo fálico. Originalmente decorado con flores y vegetación, el tradicional Palo de Mayo era una representación de las energías fértiles y un punto focal para la celebración de la primavera. Al igual que el Arbusto de Mayo, el Palo de Mayo se solía colocar en el centro de la ciudad, y los habitantes a menudo trataban de robar los Palos de Mayo de las comunidades vecinas. Había un espíritu de rivalidad amistosa, ya que todos competían por el honor no oficial de tener el Palo de Mayo mejor y más grande de la región.

Una vez erigido y decorado el Palo de Mayo, se celebraban bailes en torno a él con la creencia de que eso invitaba al crecimiento, la fertilidad y otras bendiciones propias de la primavera. En la época victoriana, las cintas se convirtieron en una parte esencial de la decoración del Palo de Mayo, y como consecuencia los bailes a su alrededor se volvieron más elaborados. Los bailarines sujetaban los extremos de las cintas y se entrelazaban unos con otros en intrincadas figuras, trenzándolas alrededor del poste a medida que avanzaba la danza.

Los bailes del Palo de Mayo eran comunes en toda Europa y acabaron por emigrar a América, y muchas de estas celebraciones han continuado hasta los tiempos modernos a pesar de las pequeñas transformaciones que se han ido introduciendo. Los puritanos denunciaron en su día el Palo de Mayo como una «vanidad pagana de superstición y maldad» y así, cuando Thomas Morton erigió un Palo de Mayo de dos metros de altura con una cornamenta en la parte superior en la costa de Boston en 1627, pronto fue arrestado por las autoridades locales y denunciado como el «Señor del Desgobierno». Es comprensible que la costumbre de los Palos de Mayo se extinguiera durante un tiempo en América, pero, en la época de la Guerra de la Independencia, los Palos de Mayo volvieron a erigirse como «Postes de la Libertad» y se convirtieron en el punto central de los bailes y celebraciones de la víspera del Primero de Mayo.

Con el tiempo, los Palos de Mayo se convirtieron en un elemento habitual del Primero de Mayo en Estados Unidos. En una celebración que tuvo lugar en 1833 en Boston, se erigió un Palo de Mayo de cuatro metros de altura y se decoró con árboles de hoja perenne, rosas y guirnaldas. En torno a la misma época, los bailes del Palo de Mayo se hicieron populares en los centros educativos femeninos, adoptados como un método de educación física y una forma de fomentar la buena salud y la fertilidad en general. A principios del siglo XX, el baile del Palo de Mayo como educación física se introdujo en el sistema escolar de la ciudad de Nueva York y pronto se implantó en otros grandes distritos escolares urbanos. Como resultado, la celebración del Primero de Mayo creció en popularidad entre los niños. En la quincuagésima celebración anual del Primero de Mayo de Nueva York, celebrada en 1957, más de 12.000 niños participaron en las ceremonias que contaban con múltiples Palos de Mayo, todos ellos pintados de un dorado resplandeciente (Lyons, 139-144).

Una tradición europea del Primero de Mayo muy extendida, pero que nunca llegó a arraigar en América, fue la coronación de la Reina de Mayo, que con su corona floral guarda un claro parecido con la diosa Flora, que llevaba un símbolo idéntico de la estación. La Reina de Mayo lleva tradicionalmente un vestido blanco, símbolo de pureza, y una corona formada por flores frescas. Como personificación de la fiesta y de todo lo que simboliza, es la encargada de representar la fertilidad, la belleza y la juventud. Puede ser llamada a pronunciar discursos, a encabezar desfiles o a desempeñar otras funciones relacionadas con la celebración, según la costumbre local. Muchas localidades elegían a su propia Reina de Mayo, seleccionando a una joven doncella a la que conceder el honor. A veces eran los niños presentes los que escogían a la Reina de Mayo. Generalmente, se la seleccionaba por su belleza, simpatía e inocencia.

A veces también se elegía un Rey de Mayo, y en algunos casos se emparejaba a la Reina de Mayo con el Rey de Mayo. Esta costumbre puede tener sus raíces en una práctica pagana más antigua que simboliza la unión anual mitológica entre la diosa y el dios y que representaba la fertilización de la tierra y su posterior florecimiento fruto de este enlace.

La Reina y el Rey de Mayo no eran los únicos para los que existían oportunidades amorosas. Era costumbre que los jóvenes fueran juntos al bosque en la víspera del Primero de Mayo con el propósito principal de participar en juegos amorosos. Los enamorados se encontraban entre la maleza, pasaban la noche juntos y volvían a casa por la mañana con los brazos llenos de flores frescas para decorar el pueblo. En algunos lugares, las parejas resultantes se denominaban «matrimonios del bosque». Tradicionalmente, el comienzo de mayo es una época popular para la unión de manos, y es que, a veces, los matrimonios del bosque y otros emparejamientos similares se oficializaban en una ceremonia nupcial oficial. La unión de manos podía consistir en atar las manos de la pareja para que después saltaran por encima de una escoba o de un caldero.

Otra tradición muy extendida y destacada del Primero de Mayo era la Cesta de Mayo. El primer día de mayo, los niños dejaban pequeñas cestas con flores, caramelos u otras golosinas en los pomos de las puertas de sus amigos y vecinos como muestra de amistad y buena voluntad. La costumbre de dejar Cestas de Mayo se hizo muy popular en Inglaterra, y cuando los ingleses se establecieron en América, la práctica emigró con ellos. Aunque los puntos de vista puritanos preponderantes limitaron el Primero de Mayo a un evento meramente secular en Estados Unidos, la tradición de las Cestas de Mayo persistió, y solo comenzó a desaparecer a mediados del siglo XX. Un artículo de prensa de la edición del 24 de abril de 1952 del *Prescott Evening Courier* relata:

> «La vieja costumbre norteamericana de colgar una Cesta de Mayo en la puerta de un amigo el Primero de Mayo parece estar desapareciendo. Sin embargo, a lo largo de la vida de la mayoría de la gente, ha sido más popular que la costumbre de enviar tarjetas de Navidad».

Otra tradición europea del Primero de Mayo que acabó llegando a América es la danza Morris. Practicada de forma popular a finales del siglo XVIII en Inglaterra, era un baile artístico especial que a menudo se realizaba durante las celebraciones del Primero de Mayo. Los bailarines solían utilizar accesorios, como pañuelos o palos, mientras creaban espectaculares figuras coreografiadas a través de sus pasos y de sus movimientos rítmicos. Los bailarines de Morris llevaban tradicionalmente trajes compuestos por pantalones blancos, camisas blancas, sombreros adornados con cintas y flores, y campanas de latón sujetas a las piernas. Aunque, a veces, los bailarines elegidos para desempeñar papeles especiales en la representación llevaban otros trajes. Como baile folclórico ritual, la danza Morris incluía a menudo elementos muy teatrales. Por ejemplo, a veces, uno de los bailarines se disfrazaba de animal y, en un momento determinado de la representación, actuaba como si estuviera muriendo. Los demás bailarines se agolpaban para ayudarle y, cuando el hombre-animal resucitaba inevitablemente, bailaban con alegría para celebrarlo. Estas representaciones parecen imitar el renacimiento de la naturaleza, y se cree que traen buena suerte a la comunidad.

Estos elementos mágicos y teatrales reflejan la asociación de la danza Morris con la obra de los *mummers*, otro tipo de espectáculo ritual que también se incorporaba a las celebraciones estacionales europeas. El argumento principal de la obra de los *mummers* solía ser un héroe o un campeón que moría en una pelea y era devuelto a la vida por un médico. Se cree que las obras de los *mummers* tienen sus raíces en la costumbre de la *momerie*, que se remonta al siglo XIII. Los grupos de juerguistas enmascarados, llamados *mummers*, viajaban en silencio de casa en casa y entraban en los hogares para bailar o jugar a los dados mientras permanecían completamente mudos. Con el paso del tiempo, la *momerie* se mezcló con otras prácticas culturales y se desarrollaron las obras de los *mummers* tal como las conocemos hoy. Con la muerte y la resurrección como temas básicos, la obra de los *mummers* se convirtió en el mejor acompañamiento para las celebraciones de temática agrícola, como el Primero de Mayo.

Muchas celebraciones europeas del Primero de Mayo siguen incluyendo elementos muy teatrales como la obra de los *mummers* o la danza Morris, con un elenco completo de personajes que representan aspectos significativos del mito de la primavera. Pueblos ingleses como Somerset y Padstow celebran el Primero de Mayo con una obra de *mummers* en la que el protagonista es uno o un par de *hobbyhorse* (literalmente, caballos de juguete). Los *hobbyhorses* suelen ser hombres vestidos con máscaras y que sostienen ponis de madera entre las piernas. Se añaden faldones para ocultar el palo, de modo que parezca que el caballo en cuestión es un animal de cuerpo entero. En los lugares en los que se utilizan dos *hobbyhorses*, los caballos suelen adoptar respectivamente los papeles de verano e invierno. El caballo de verano y el caballo de invierno actúan en batallas simuladas, en las que el caballo de verano siempre se impone sobre el otro.

En Padstow, originalmente solo había un *hobbyhorse*, llamado *old 'oss* u *old horse* («caballo viejo»). En la década de 1840, el «caballo viejo» manchaba a veces a los transeúntes con hollín como parte de la celebración, y se creía que tocar las faldas de lona manchadas de alquitrán del *hobbyhorse* traía buena suerte. Como parte de la representación, el «caballo viejo» fingía la muerte, para después volver a levantarse, resucitando en una aparente imitación de la renovación y revitalización primaveral. En la época de la Primera Guerra Mundial se añadió un segundo caballo a la celebración de Padstow. Con los colores patrióticos y engalanado con flores primaverales, este caballo se llama *peace 'oss* o *peace horse*, el «caballo de la paz». Este «caballo de la paz», que asume el papel del verano, galopa entre los asistentes al festival en busca de una pareja. El momento culmen de la representación es cuando el caballo «captura» a las mujeres, llevándolas bajo las faldas del disfraz. Se creía que las mujeres que eran raptadas en este rito podían esperar quedarse embarazadas durante el transcurso del próximo año.

Los *hobbyhorses* no son los únicos personajes del reparto del Primero de Mayo. En muchas obras de los *mummers* o en los bailes de Morris también aparecían un Loco o un Provocador y otras personalidades cuyas conexiones con los ritos primaverales han caído en el olvido. Robin Hood y Lady Marian, por ejemplo, cuyas leyendas se centran en el amor prohibido y en el robo a los ricos para dar a los pobres, eran figuras centrales en las celebraciones inglesas del Primero de Mayo en la Edad Media y el periodo de los Tudor. Vestido de verde, Robin Hood se convirtió en un símbolo de la luz, el calor y el exuberante follaje del verano. Era el héroe que viene a traer la redención desde las profundidades de la oscuridad y los rigores del invierno. Lady Marian, que acompañaba a Robin Hood como personaje central en muchas celebraciones del Primero de Mayo, asumía el papel de una especie de Reina o Dama de Mayo, una hermosa doncella que venía a inaugurar la estación más cálida. Como la danza Morris tradicional no permitía bailar a las mujeres, la doncella Marian solía ser interpretada por un hombre travestido. Lady Marian puede tener su origen en un cuento francés sobre una pastora y su amante, que casualmente era un pastor llamado Robin.

También está Jack el Verde, una personificación viviente de un dios del bosque o un espíritu de la naturaleza que viene a librar a la humanidad de la estación fría. En los siglos XVI y XVII, las celebraciones del Primero de Mayo en Inglaterra incluían a menudo a Jack el Verde, quien se ponía un armazón cónico completamente cubierto de follaje y ocultaba la mayor parte de su cuerpo en una masa de vegetación. El personaje de Jack el Verde se consideraba ruidoso, borracho y estridente, por lo que cayó en desgracia en la época victoriana, más prudente y correcta.

Aunque la población europea estaba mayoritariamente cristianizada cuando se establecieron los juegos de los *mummers* y la danza Morris, estas tradiciones populares integraban elementos paganos mucho más antiguos, aludiendo a los temas de los ciclos anuales de muerte, resurrección y fertilidad de la naturaleza.

Otra celebración de mayo digna de mención es la Noche de Walpurgis, una fiesta germánica que se celebraba el 30 de abril o el 1 de mayo en gran parte del centro y el norte de Europa. La primera mención de la Noche de Walpurgis se encuentra en una edición de 1603 de un texto llamado *Calendarium Perpetuum* de Johann Coler, pero es probable que el origen de la festividad sea anterior a este. La Noche de Walpurgis es una celebración primaveral que marca el final del invierno y lleva el nombre de una misionera inglesa que fue canonizada el 1 de mayo del año 870 de la Era Común como Santa Walpurga. Debido a la fecha de su canonización, Santa Walpurga se asoció con los ritos y tradiciones de mayo, y la víspera del Primero de Mayo pasó a conocerse como la Noche de Walpurgis, o Walpurgisnacht en alemán y holandés. La Noche de Walpurgis se celebraba con hogueras, bailes y rituales destinados a ahuyentar la brujería maliciosa y otras amenazas. Se creía que las brujas se reunían en las cimas de las colinas para encender hogueras y anunciar la llegada de la primavera. En algunos lugares, en la Noche de Walpurgis se celebraba una suerte de representación de «quema de las brujas». Se hacían «brujas» falsas a partir de tela y paja, o a veces de palos de escoba, y después las arrojaban a las hogueras y las quemaban. Esta costumbre pretendía poner un fin simbólico al invierno y, al mismo tiempo, desterrar eficazmente las influencias malignas o sobrenaturales que podrían causar daños.

En Suecia, la Noche de Walpurgis se celebra con el nombre de Valborg, y tradicionalmente se conmemora con bailes, cantos, hogueras y la práctica del truco o trato. Una costumbre sueca muy antigua, poco practicada en los tiempos modernos, consistía en que los jóvenes fueran al bosque a la hora del crepúsculo para recoger hierbas y ramas que luego se llevaban al pueblo y colocaban en las casas como decoración. El grupo cantaba canciones, y se esperaba que los propietarios de las casas pagaran con huevos el servicio no solicitado.

A lo largo de los tiempos, los rituales y tradiciones de principios de mayo se han fusionado, creando un amplio jardín de variantes y un rico tapiz de costumbres eclécticas. El Beltane es la gran celebración de la fertilidad y el crecimiento; una fiesta de bienvenida a las altas temperaturas y al aumento de horas de luz solar. Los antiguos habitantes de Europa festejaban este momento de formas muy diversas; a través de rituales, magia y muchos otros elementos. Nosotros, los paganos modernos, podemos disfrutar de una diversidad aún mayor, ya que nuestro Beltane representa un conglomerado de sabiduría relacionada con el mes de mayo que se ha acumulado a lo largo de miles de años. Celebrar la llegada del mes de las flores es una tradición, incluso cuando nos adaptamos a la modernidad y hacemos nuestras las viejas costumbres.

LAS TRADICIONES
MODERNAS

...nnings, birth, renewal, rejuvenation, balance, fertility, chang...

...th, vernal equinox, sun enters Aries, Libra in the Sou...

...en Man, Amalthea, Aphrodite, Blodeuwedd, Eostre, Eo...

...Flora, Freya, Gaia, Guinevere, Persephone, Libera, N...

...t, Umaj, Vila, Aengus MacOg, Cernunnos, Herma, The...

..., Mabon Osiris, Pan, Thor, abundance, growth, health, ca...

...aling, patience understanding virtue, spring, honor, contentme...

...abilities, spiritual truth, intuition, receptivity, love, inner se...

...ment, spiritual awareness, purification, childhood, innocence,...

...creativity, communication, concentration, divination, harmo...

...ties, prosperity, attraction, blessings, happiness, luck, money...

...udance, visions, insight, family, wishes, celebrating life cyc...

...hip, courage, attracts love, honesty, good health, emotions,...

...rovement, influence, motivation, peace, rebirth, self preserva...

...e power, freedom, optimism, new beginnings, vernal equinox...

...tion, sun, apple blossom, columbine, crocus, daffodil, daisy,...

...honeysuckle, jasmine, jonquil, lilac, narcissus, orange blossom,...

..., rose, the fool, the magician, the priestess, justice, the star...

...thering growth abundance eggs seeds honor dill vinega...

Aunque la práctica pagana moderna es a menudo muy diferente de la de nuestros ancestros, nuestras celebraciones son, sin embargo, un reflejo de creencias y tradiciones antiquísimas que han perdurado a lo largo de los tiempos. Cuando la naturaleza se muestra en todo su esplendor primaveral, es natural alegrarse y celebrar el cálido sol, las hermosas flores y las plantas que pronto madurarán para alimentar y nutrir a las masas. El Beltane es un momento para celebrar la primavera y el verano, una perfecta ocasión para honrar la creciente fuerza del sol, los días largos y el calor. Al igual que la naturaleza florece, también lo hace el espíritu humano, y puede que nos sintamos más enérgicos y optimistas a medida que se acerca el Beltane. El amor está a menudo en nuestra mente, y los pensamientos lujuriosos cobran más protagonismo, ya que nos encontramos con ganas de diversión, emoción y magia.

Temas modernos y elementos comunes

Aunque las celebraciones y costumbres de Beltane varían de un lugar a otro y de individuo a individuo, hay muchos temas y elementos o similares. Las festividades suelen tener una atmósfera ligera y colorista, y los rituales, a medida que se acerca el verano, suelen centrarse en la fertilidad, la prosperidad, la salud, la protección, la purificación y el crecimiento. Los hechizos realizados en estas fechas tienden a gravitar hacia temas de amor, pasión y romance. De hecho, la magia sexual es una técnica muy popular en esta época. La música, el baile, la fiesta, el canto, los pícnics y los rituales y reuniones junto al fuego se incorporan con frecuencia a las celebraciones del Beltane, mientras que las flores y la vegetación se utilizan de forma universal a modo de símbolo de la abundancia y de la fertilidad de la naturaleza. La mayoría de las celebraciones del Beltane se llevan a cabo al aire libre, siempre que es posible, y la alegría y la magia están presentes durante todo el día y la noche. El sexo, el amor, las risas, el romanticismo y la celebración de la primavera y el verano predominan durante estas fechas, y los paseos por la naturaleza, los pícnics, las comidas compartidas, los bailes del Palo de Mayo y los juegos románticos son actividades muy populares.

El Beltane en el campo

Los paganos de las zonas rurales suelen celebrar el Beltane con rituales centrados en la fertilidad de la naturaleza y en garantizar el bienestar y la protección de la familia, el hogar y la propiedad. A menudo se encienden grandes hogueras y se realizan rituales mágicos para proteger el ganado y las cosechas. Algunas personas conducen a sus animales entre dos fuegos en un intento de protegerlos de enfermedades y lesiones, como hacían los antiguos celtas. También es una práctica común recorrer los límites de la propiedad, realizando rituales de protección y pronunciando bendiciones. Las casas y los altares suelen estar decorados con flores silvestres y otra vegetación autóctona recién cosechada en la naturaleza para el Beltane. La mayoría de los paganos rurales celebran el Beltane solos o con pequeños grupos formados por la familia inmediata y quizás algunos amigos y vecinos cercanos.

El Beltane en la ciudad

Los paganos urbanos que disfrutan de las ventajas de la vida en la ciudad también tienen algunos obstáculos a la hora de celebrar el Beltane. Para empezar, puede ser difícil encontrar un lugar para hacer una hoguera cuando se está rodeado de rascacielos y tráfico. Por otro lado, la vegetación de la ciudad suele ser escasa, y entrar en comunión con la naturaleza en la jungla de cemento puede ser un poco difícil. Sin embargo, estos retos no son insalvables para el ingenioso pagano moderno, y las brujas de ciudad han encontrado formas creativas de sortear estas dificultades. Se pueden utilizar velas y chimeneas en lugar de hogueras, por ejemplo, mientras que un rápido viaje a la floristería puede proporcionar una gran cantidad de vegetación real para decorar tanto los pasillos como el espacio ritual. A veces, se utilizan flores artificiales en lugar de vegetación fresca. Para muchos paganos de ciudad, las celebraciones del Beltane se realizan en el interior o en un parque comunitario. Como la mayoría de los habitantes de las ciudades no cultivan ni crían ganado, la celebración de Beltane se suele centrar en objetivos más personales, como cultivar el aspecto psicoemocional, la fertilidad creativa, la purificación y el romance. Se pueden incluir en la magia y en el ritual plantas de la casa y mascotas, dando un toque natural a los trabajos urbanos. Hoy en día, cada vez más áreas urbanas tienen comunidades paganas abiertas y establecidas, y los rituales y reuniones del Beltane son comunes en muchas de las ciudades más grandes de Estados Unidos.

Paganos diferentes, prácticas diferentes

Aquí te ofrecemos una muestra de varias «denominaciones» paganas, así como un breve vistazo a algunas de las formas bajo las cuales esas facciones particulares pueden elegir celebrar el Beltane.

Sin embargo, hay que tener en cuenta que los paganos son un grupo diverso, e incluso entre los practicantes de los mismos caminos y tradiciones sigue habiendo grandes diferencias.

Reconstruccionismo celta

Los reconstruccionistas celtas pretenden practicar la religión celta primitiva con la mayor fidelidad posible a la original. Suelen programar sus celebraciones de Beltane en base a las señales visibles de la naturaleza. Cuando los espinos de la zona empiezan a florecer es una señal de que ha llegado el momento del Beltane. También se puede celebrar el Beltane en la primera luna llena que sigue a la floración de los espinos, o puede hacerse coincidir con la fecha en la que el sol está a quince grados de la constelación de Tauro. Muchos reconstruccionistas celtas se refieren al Beltane por su nombre gaélico, *Lá Bealtaine*.

Al igual que los propios celtas, los reconstruccionistas suelen celebrar el Beltane con hogueras rituales. Se encienden dos hogueras y el ganado, las mascotas y las personas pasan entre ellas para garantizar las bendiciones y la protección. Después se encienden velas con el fuego de la hoguera principal y se llevan a casa, como un reflejo de la tradición celta original de volver a encender los fuegos del hogar a partir de las llamas sagradas del Beltane. En las zonas urbanas, donde no es posible hacer hogueras, los practicantes modernos las suelen sustituir con antorchas o velas.

Los banquetes y el jolgorio en general también forman parte de la tradición popular, y, a veces, se preparan alimentos y bebidas tradicionales celtas. Se pueden introducir en el hogar ramas de árboles en flor, y en las paredes suelen colgarse cruces de serbal como medio para obtener protección mágica. La cruz de serbal, muy conocida y alabada en las Islas Británicas como amuleto protector, es una cruz de brazos iguales hecha con dos trozos de madera de serbal, que, a menudo, se ata en el centro con un pedazo de hilo rojo. También se pueden utilizar arbustos de mayo, y se honra a las deidades. Los reconstruccionistas celtas también pueden celebrar el Beltane visitando pozos, donde se pueden pronunciar oraciones o alabanzas al espíritu de las profundidades y se dejan ofrendas.

Wicca

La Wicca es una tradición de brujería introducida a mediados del siglo XX y basada en la religión precristiana, las creencias animistas y los principios y prácticas chamánicas. La mayoría de los wiccanos veneran a una deidad masculina conocida como el Dios Cornudo, y a una deidad femenina de triple aspecto conocida como la Diosa Triple. Sus tres apariencias se conocen como la Doncella, la Madre y la Anciana. La mayoría de los wiccanos tienden a ser eclécticos en sus prácticas y, aunque pueden seguir ciertos métodos o directrices tradicionales, suele haber mucho espacio para la personalización, la improvisación y la creatividad. Las celebraciones wiccanas del Beltane suelen centrarse en la fertilidad y la sexualidad, aunque también pueden predominar los temas de abundancia, protección, purificación o crecimiento. Las danzas del Palo de Mayo suelen ser el centro de atención, y muchos grupos locales organizan grandes reuniones comunitarias. Suele haber una o dos hogueras, junto con una buena cantidad de juerga, jolgorio y caos.

Aunque la fiesta se aborda con gran reverencia, prevalece una atmósfera de diversión y frivolidad. El comportamiento obsceno se convierte en algo apropiado, el coqueteo amistoso es bienvenido, y el discurso abiertamente sexual es algo normal. En algunos aquelarres, la sacerdotisa y el sumo sacerdote recrean el mito de Beltane, en el que el joven dios lujurioso se aparea con la fértil diosa doncella, trayendo nueva vida y renovación a la tierra. A veces, esta representación incluye sexo ritual, pero muchos grupos actuales se quedan con una representación más simbólica del mito, realizando acciones que solo pretenden imitar el acto sexual. Por ejemplo, se puede introducir una varita o un cetro en una copa para imitar la penetración sexual; la copa representa la energía femenina, y la varita o el cetro, la energía masculina. Ya sea de forma literal o simbólica, esta unión ritual tiene un propósito sagrado: aportar a los practicantes una comprensión experiencial más profunda de la fertilización y el florecimiento de la tierra después de que haya pasado la parte más oscura del año.

Aunque a veces se prefiere la vestimenta de color celeste, en las celebraciones wiccanas del Beltane se suele llevar ropa ritual, con guirnaldas de flores y prendas de colores vivos. Predominan el verde y el amarillo, pero también se utilizan el rosa, el blanco y otros colores pastel que evocan la primavera, la pureza y el romance. El hogar y el altar suelen decorarse, asimismo, con flores y con colores propios de la primavera.

Los practicantes wiccanos en solitario pueden hacer una meditación, disfrutar de un tiempo de soledad a la luz del sol o utilizar una vela como punto focal para la práctica nocturna. Pueden rezar y hacer ofrendas al Dios y a la Diosa, y a veces también a las hadas. Estos obsequios suelen consistir en comida, agua, flores y hierbas.

Los rituales suelen ser más elaborados y formales en comparación con los procedimientos más frecuentes del *esbat*, en los que el tono suele ser alegre, reverente y festivo. Se rinde honor a la Diosa y al Dios, y se pronuncian evocaciones y/o invocaciones. La magia se incorpora a menudo en el ritual de Beltane. El amor, el romance, la abundancia, el crecimiento y la prosperidad constituyen los temas comunes para los hechizos, para los amuletos y para las artesanías mágicas. Es un momento popular para la adivinación, y los wiccanos pueden utilizar una gran variedad de herramientas y sistemas como el tarot, las runas, los péndulos o el I Ching para predecir el futuro en temas como la salud, la riqueza, el amor y el éxito en general.

Neopaganismo germano

El neopaganismo germano engloba el Ásatrú y otros caminos que practican las tradiciones religiosas precristianas de Alemania, Escandinavia y otros lugares del norte de Europa. Aunque las celebraciones del Primero de Mayo no se encuentran entre las fiestas más importantes del año en el neopaganismo germano, muchos de sus practicantes modernos sí que tienen en cuenta esta fecha y celebran la fiesta germánica de Walburg, o Noche de Walpurgis, el 30 de abril o el Primero de Mayo. Es un momento en el que se cree que la magia y los espíritus están muy presentes. En la actualidad, los neopaganos germanos celebran la ocasión con una gran hoguera, un sencillo festín y un brindis en honor al dios Wotan (también conocido como Odín) y a las diosas de la magia.

Druidas (modernos)

A diferencia de los reconstruccionistas celtas que se esfuerzan por seguir los preceptos de la religión histórica de los antiguos celtas de una forma tan fiel como sea posible, los druidas modernos son más del estilo del Renacimiento celta, y escogen de entre las antiguas creencias celtas las que desean incorporar a su culto y las adaptan a los tiempos actuales. Los druidas contemporáneos son a menudo eclécticos: fusionan nuevas tradiciones con las antiguas creencias de los celtas originales. Los druidas modernos pueden celebrar el Beltane con un ritual en honor a la diosa Danu, la madre tierra, y al dios Belenos, el rey sol. El Beltane se considera un momento para celebrar la fertilidad, el apareamiento y la sexualidad. Es una ocasión perfecta para rogar protección, realizar rituales de purificación y honrar a los muertos. Se cree que las hadas hacen más diabluras durante el Beltane, ya que el velo entre los mundos se vuelve más fino en este momento, al igual que ocurre durante el Samhain. Algunos druidas modernos pueden llevar campanas para ayudar a mantener a raya a las hadas traviesas. Se puede rezar por la salud, la prosperidad, la protección y el amor, y se suelen dejar ofrendas de pan, cerveza o hidromiel para los dioses y los muertos.

Brujería tradicional

La brujería tradicional es la religión de las brujas no wiccanas que basan sus prácticas en el animismo precristiano, la magia popular tradicional y un sistema de creencias a menudo politeísta. La brujería tradicional varía de un lugar a otro, y las prácticas específicas se basan en la cultura local y en el entorno en el que se vive. Algunas brujas tradicionales celebran los solsticios y los equinoccios, y algunas celebran las cuatro festividades de los cuartos, pero no suelen celebrar ambas cosas. Tradicionalmente, se honraban o bien los solsticios y equinoccios, o bien las festividades de los cuartos, según los estilos de vida locales y las necesidades de la tierra. Las tradiciones más agrícolas tienden a celebrar los solsticios y los equinoccios, mientras que las tradiciones más ganaderas, con raíces en las tierras celtas, reconocen las festividades de los cuartos como es el caso del Beltane. Cuando las brujas tradicionales celebran el Beltane, lo hacen igual que sus antepasados, con hogueras, rituales, juergas orgiásticas, reverencia y magia.

Neopaganismo

El neopaganismo es un término que define una categoría amplia y variada de practicantes que se dedican a cualquier forma de espiritualidad basada en la naturaleza o en nuevas versiones de antiguas religiones y prácticas paganas. Entre los neopaganos se encuentran los wiccanos, las brujas eclécticas, los druidas modernos y otros; casi todos los que viven en los tiempos modernos y se definen como paganos son también neopaganos por definición, ya que esta palabra significa esencialmente «nuevo pagano».

Los neopaganos pueden celebrar el Beltane solos o en grupo. En la actualidad, muchas comunidades cuentan con grupos sociales neopaganos abiertos que reúnen a personas de diversas prácticas.

Los pícnics diurnos de Beltane son populares, y se suelen reunir grupos en parques públicos, laderas de montañas, riberas de ríos y otros lugares agradables al aire libre. Lo normal es que haya comidas compartidas, en las que cada uno lleva un plato. A menudo, los grupos disfrutan de un paseo por la naturaleza antes o después del banquete. Dependiendo del tipo de congregación, también se pueden realizar diferentes tipos de rituales y magia.

Los neopaganos solitarios pueden optar por celebrar el Beltane de forma tradicional, recreando las prácticas de un camino o sistema particular, o pueden decidir ser creativos y elaborar la suya propia. Los procedimientos del Beltane se basan en el gusto personal, la necesidad, la habilidad y la intuición, con total independencia de cualquier método establecido.

Brujería ecléctica

La brujería ecléctica es un término que define a los practicantes de la brujería que pueden o no elegir definirse a sí mismos como wiccanos, y que extraen prácticas y creencias de una gran variedad de tradiciones y de sistemas mágicos y espirituales tanto de elaboración propia como tradicionales. Los aspectos comunes incluyen un énfasis en las energías naturales y las mareas estacionales, y la mayoría de las brujas eclécticas trabajan estrechamente con la luna, el sol, las estrellas, la tierra y los elementos.

Los rituales de Beltane suelen hacer hincapié en las energías primaverales, por lo que se pueden encender hogueras en solidaridad con la fuerza del sol naciente. Los temas más comunes son la abundancia, el crecimiento, la prosperidad, la fertilidad, el amor y la sexualidad. Los rituales suelen ser muy alegres, y la vegetación fresca, como las hojas y las flores, suele adornar el altar y a las brujas. A veces solo se llevan plantas en el cuerpo y, por supuesto, hay muchas brujas eclécticas que prefieren no llevar nada.

Muchas brujas eclécticas consideran que el Beltane es el momento perfecto para honrar la unión de energías que manifiesta el florecimiento de la naturaleza, y la magia sexual puede practicarse en solitario, con una pareja o con múltiples parejas. La magia sexual puede tener un enfoque fuertemente físico o un tono altamente trascendental en el que el ritual sirve al único propósito de lograr la comunión con lo divino. Puede adoptar la forma de una persona que recibe la estimulación del grupo, dirigiendo la energía obtenida hacia un objetivo mágico compartido. Puede tomar la forma de un persona que represente a la Diosa Triple lunar y un acompañante que represente al Dios Cornudo solar que la impregna (esta impregnación se entiende en un sentido mágico y metafórico; hay que practicar sabiamente el control de la natalidad y el sexo seguro). La magia sexual puede adoptar la forma de una bruja solitaria que se estimula a sí misma mientras invoca al dios de la primavera. Las prácticas varían, ya que las brujas eclécticas son, por definición, diversas.

Reuniones y festivales modernos de Beltane

He aquí una muestra de algunas fiestas modernas de Beltane que merece la pena visitar. Aunque la mayoría son en su esencia celebraciones seculares, todas tienen fuertes elementos mágicos y/o rituales, que las convierten en eventos muy adecuados para un pagano que quiera pasar un buen rato durante el Beltane.

Festival del Fuego de Beltane (Edimburgo, Escocia)

Celebrado en Calton Hill la noche del 30 de abril, el Festival del Fuego de Beltane es un acontecimiento artístico y cultural moderno organizado por la Sociedad del Fuego de Beltane, una organización benéfica de actuación artística comunitaria. El festival se describe como «teatro de investigación», con representaciones teatrales planificadas y espontáneas, toques de tambor y rituales que tienen lugar a lo largo de la noche en varios lugares en la colina. Una gran procesión encabezada por la Reina de Mayo rodea el monte, y se celebra una representación simbólica de la muerte y el renacimiento del Hombre Verde. Se insta a los participantes a seguir el sonido de los tambores para encontrar a juerguistas espontáneos y actuaciones improvisadas por todo el parque. La celebración atrae a una multitud de más de doce mil personas cada año.

Beltania (Florence, Colorado)

La Beltania es una celebración pagana y un festival de música que se celebra a principios de mayo en las montañas de Colorado. El festival, de cuatro días de duración, incluye acampadas, rituales, talleres, música en directo y una danza del Palo de Mayo a gran escala con más de cien cintas. Se corona y se celebra a un Hombre Verde y una Reina de Mayo. Los círculos de tambores y los bailes mantienen a todo el mundo ocupado hasta bien entrada la noche, y una zona de acampada bajo el cielo y abierta solo a los asistentes mayores de dieciocho años ofrece un sinfín de oportunidades para hacer magia y travesuras en la oscuridad. Los círculos bárdicos, los cantos espontáneos y la narración de historias en torno al fuego del campamento se suman a la atmósfera de diversión y fraternidad que prevalece durante todo el festival. La Beltania está organizada por Living Earth, un grupo neopagano abierto e iglesia comunitaria que ofrece rituales, eventos familiares, clases y otros servicios en el área metropolitana de Denver.

Desfile y Festival del Primero de Mayo (Minneapolis, Minnesota)

Durante más de cuarenta años, las Ciudades Gemelas se han unido para celebrar el Primero de Mayo en toda la comunidad, lo que incluye un desfile, una ceremonia y un festival. Entre los participantes en el desfile y los espectadores, cada año suman más de cincuenta mil personas que vienen de lugares cercanos y lejanos.

Las marionetas, los bailarines y los artistas con máscaras gigantes (algunas de más de tres metros de altura) llenan las calles, y la música, la alegría y las risas invaden el aire. El desfile también incluye una sección de libertad de expresión, en la que grupos comunitarios marchan para proclamar sus respectivas causas.

Las festividades del Primero de Mayo en Minneapolis también incluyen una gran ceremonia pública para ayudar a despertar el adormecido verano. El público, de todas las edades, disfruta de un desfile con bailarines, música de orquesta en directo y cuatro marionetas gigantes que representan la pradera, el cielo, el río y el bosque. Más de doscientos participantes forman parte del desfile. La cabalgata culmina con el toque de tambores, mientras una flotilla solar roja, un tipo de embarcación de fondo plano, navega a través de un lago para despertar al Árbol de la Vida que duerme en la orilla opuesta. A esto se le conoce como la ceremonia del Árbol de la Vida, y en ella participan personas de todas las edades.

El festival que sigue al Desfile del Primero de Mayo y a la Ceremonia del Árbol de la Vida incluye bandas en directo, bailes, comida, lecturas de poesía, puestos informativos organizados por organizaciones locales, paseos en canoa y mucho más.

Festival de las Hadas del Primero de Mayo (Granja Spoutwood, en las afueras de Glen Rock, Pensilvania)

El Festival de las Hadas del Primero de Mayo es un evento anual que se celebra en una granja orgánica situada en las afueras de Glen Rock, en Pensilvania. El evento celebra la llegada del clima veraniego y el regreso de las hadas y otros espíritus de la naturaleza al mundo del calor y el sol ahora que el frío del invierno se ha ido oficialmente. Este festival, de tres días de duración y apto para familias, atrae a más de dieciséis mil personas cada año y ofrece artesanía, música en directo, bailes, cuentacuentos, visitas a los hábitats de las hadas y los gnomos, fiestas de té de hadas, un Palo de Mayo y mucho más.

Festival de Beltane de Blue Ridge (Greenville, Virginia)

El Festival de Beltane de Blue Ridge incluye rituales, tambores, talleres, vendedores, bandas, giradores de fuego y mucho más, en un evento de tres días de acampada en honor a la llegada del verano. Entre las actividades más destacadas se encuentran el encendido del Bel-Fire (Fuego de Bel), la danza del Palo de Mayo y el Inner Sanctum (Santuario Interior), una zona del campamento dedicada a talleres, rituales y encuentros improvisados que hacen hincapié en la experiencia sexual sagrada. El Santuario Interior solo está abierto a adultos de dieciocho años o más que deseen explorar el lado más sagrado y mágico de la sexualidad humana. También hay una zona para jóvenes en la que se realizan actividades artísticas, artesanales, juegos imaginativos, rituales y otras actividades.

The Beltane Gathering (Darlington, Maryland)

El Beltane Gathering (Reunión de Beltane) es una celebración de cinco días que gira en torno a la sexualidad sagrada y a la libertad personal y que se celebra en un lugar de retiro de doscientos acres en Darlington, Maryland, durante la primera semana de mayo. Los aspectos más destacados de este evento de acampada y retiro mágico son los rituales en grupo, los talleres y las presentaciones sobre temas de sexo sagrado, así como una fiesta sensual. Hay vendedores de juguetes sexuales y herramientas mágicas.

Los asistentes duermen en cabañas o tiendas de campaña, pero, con todas las oportunidades de diversión que ofrece el festival, el descanso suele tener poca prioridad. Como el festival se centra en la celebración de la liberación sexual y en la utilización del tremendo poder y el potencial que esto encierra, se permite el sexo en público y los fetiches son bienvenidos.

Festival de Beltain (Butser Ancient Farm, cerca de Petersfield, en Hampshire, Inglaterra)

Cada año, la antigua granja de Butser, que se encuentra cerca de Petersfield en la campiña inglesa, acoge un ritual y una celebración de Beltane que atrae a una multitud de todas las edades. Los festejos incluyen un asado de cerdo, un pícnic y música en directo. Los niños elaboran coronas de flores y de mimbre para ponérselas y las pasean con orgullo mientras las familias meriendan en el césped. Cuando llega la noche, todas las miradas se dirigen a la estrella del espectáculo: un hombre de mimbre de nueve metros de altura que pronto arderá. Los asistentes al festival escriben sus esperanzas y deseos en pequeños trozos de papel, que se introducen en el armazón de mimbre con forma humana. El hombre de mimbre se enciende y la multitud observa con entusiasmo cómo las llamas aumentan, hasta que pronto engullen todo el artilugio que acaba por derrumbarse y reducirse a un montón de ramas y cenizas quemadas. La quema del hombre de mimbre simboliza el fin del invierno y la promesa de que el verano está en camino. Como es de esperar, el ritual es recibido con gran júbilo, ruidos y celebraciones estridentes.

Beltane (Thornborough Henge, cerca de Ripon, Yorkshire del Norte, Inglaterra)

Thornborough Henge, un yacimiento prehistórico situado en el norte de Yorkshire, acoge desde 2004 una celebración anual de Beltane. Este encuentro gratuito, que incluye una fiesta del Primero de Mayo, una obra de teatro de misterio y una ceremonia de encendido de fuego, pretende ofrecer una alternativa a los festivales de Beltane más comerciales. Con Brigantia, una diosa venerada en el antiguo reino del norte de Inglaterra, como punto central de las ceremonias, el Beltane en Thornborough Henge tiene un sabor local claramente único. Los juerguistas suelen acampar la noche anterior a los actos principales, disfrutando de la atmósfera mágica y mística que proporciona el sitio histórico. Thornborough Henges es el grupo más grande de excavaciones prehistóricas de Gran Bretaña, y está compuesto por un extenso paisaje de *henges*, monumentos de piedra, y de *cursus* (conjuntos paralelos de bancos flanqueados por zanjas), formados en los laterales o por encima de antiguos túmulos. El yacimiento está fechado en el periodo Neolítico, y su construcción probablemente comenzó y terminó entre el año 3000 y el año 2000 antes de la Era Común.

Muchas parejas eligen el Beltane en Thornborough Henge como la ocasión ideal para casarse, y la unión de las manos mediante saltos sobre una hoguera, saltos sobre una escoba, o la unión literal de las manos de los enamorados puede ser presenciada por todos los asistentes. En la celebración se fomenta el uso de disfraces, y las guirnaldas de flores son una opción popular. Los tambores, los rituales del fuego, la diversión, el compañerismo y las oportunidades para el romance siempre presentes en el Beltane atraen a una multitud de más de quinientos asistentes de toda la región.

Celebraciones seculares modernas

Hoy en día, muchas comunidades honran el Primero de Mayo con celebraciones seculares de las que puede disfrutar toda la ciudad. Aunque el ambiente y el tono se centran más en el entretenimiento que en la espiritualidad o la magia, se pueden distinguir restos de la antigua práctica pagana en los procedimientos.

En muchas ciudades del Reino Unido se celebran festivales comunitarios del Primero de Mayo, a menudo centrados en torno a un gran Palo de Mayo. Los rituales de las hogueras siguen siendo tradicionales y, en Limerick (Irlanda), las ceremonias comunitarias con hogueras se han practicado continuamente Beltane tras Beltane hasta los tiempos modernos.

La noche de Walpurgis se celebra en lugares de Europa central y septentrional, con festivales de primavera celebrados el 30 de abril o el 1 de mayo. Los bailes junto al fuego, los festines y la alegría son aspectos preponderantes de las festividades.

En Alemania, la Noche de Walpurgis y el Primero de Mayo se celebran el 30 de abril y el 1 de mayo. En la Noche de Walpurgis se encienden hogueras y se realizan rituales de purificación junto al fuego. Las celebraciones de la llegada de la primavera tienden a ser alborotadas, y las bromas son habituales. A menudo, estas bromas son actos prácticamente inofensivos, como esconder cosas o cambiar los muebles de exterior de un vecino por los de otro, pero no son raras las inocentadas más estridentes y maliciosas.

El Primero de Mayo también se considera un momento para honrar y defender los derechos de los trabajadores, y en muchas localidades se celebran concentraciones, marchas y otras manifestaciones. Muchas comunidades tienen un Palo de Mayo al que se le concede un lugar destacado. Además, tienen lugar festivales públicos para festejar la primavera.

También se utilizan «palitos de mayo» más pequeños. Según esta tradición, se ofrece una rama decorada con cintas de colores como muestra de amor. Tradicionalmente, la rama se colocaba en el jardín del amante deseado como declaración de afecto, y se creía que la acción traía buena suerte para conseguir el interés romántico de la otra persona. Muchas personas pasan el Primero de Mayo al aire libre, disfrutando del sol y esperando con ganas a que lleguen días más cálidos.

En la República Checa, el 30 de abril es un momento de purificación y celebración. Se crea la forma de una «bruja» a partir de paja y tela, que luego se arroja al fuego en una quema simbólica de todo lo oscuro y lúgubre. A veces se utilizan escobas en lugar de las «brujas». A menudo se celebran grandes comidas cerca de la hoguera, y se suele bailar y cantar. El 1 de mayo se celebra como un día de amor, y las parejas suelen visitar juntas los parques locales.

En Estonia, las celebraciones del Día de la Primavera comienzan al anochecer de la noche del 30 de abril y continúan hasta el día 1 de mayo. El ambiente es como el de un carnaval, y las calles se llenan de juerguistas disfrazados de brujas, como reflejo de una antigua superstición que sugiere que esa noche es el momento en el que las verdaderas brujas se reúnen en masa para hacer rituales y magia. Es el momento de celebrar la llegada de la primavera, y tanto la magia como el caos están en el aire. Las clases más humildes disfrutan de un poco más de consideración en el Día de la Primavera, y estudiantes y muchos trabajadores se benefician de un día libre.

En Finlandia, el mes de mayo se inicia con grandes fiestas en los bares. Se celebran desfiles para que la comunidad en general disfrute, y grupos más reducidos de amigos, familias y estudiantes se reúnen para hacer un pícnic. A menudo, se sirve una bebida parecida al hidromiel llamada «sima».

El Primero de Mayo también se celebra en Terranova, donde todavía es costumbre local decorar un Arbusto de Mayo, engalanando un pequeño árbol o arbusto con cintas de colores brillantes y otros adornos destinados a anunciar y celebrar la primavera.

En Francia, el primer día de mayo se vende lirio de los valles por todas las calles, ya que esta flor es un símbolo de la primavera que atrae la buena suerte. Una leyenda sostiene que esta flor surgió cuando Eva fue desterrada del Jardín del Edén. Se dice que, allí donde caían las lágrimas de Eva, brotaba de la tierra un lirio de los valles. El Primero de Mayo es también el Día Nacional del Trabajo, llamado *Fête du Travail*. Se realizan manifestaciones a favor de los derechos de los trabajadores, y las clases trabajadoras disfrutan de un día de descanso, ya que los bancos y la mayoría de los comercios cierran sus puertas con motivo de esta fiesta nacional.

Actividades sugeridas

El Beltane es una época de fertilidad, creatividad y crecimiento. Es una ocasión para renovar nuestra conexión con el mundo natural. Al ser testigos de cómo crecen y prosperan los frutos de la naturaleza ante nuestros ojos, el Beltane nos recuerda que somos tan dependientes de la fertilidad de la tierra como lo fueron nuestros antepasados.

Como cuidadores de las cosechas, como criadores de los animales, como seres conscientes que establecen los límites de la posibilidad, los humanos tenemos una importante labor que realizar para garantizar nuestra propia supervivencia. No solo debemos cuidar de la tierra y de nosotros mismos con nuestros cuerpos físicos y mediante acciones mundanas, sino que también debemos utilizar nuestras habilidades mágicas para ampliar los límites de nuestra percepción y nuestro potencial para permitir que se manifieste una mayor belleza y abundancia.

Aunque entendemos a la perfección que la luz del sol no depende de que se hagan sacrificios o se enciendan fuegos, cuando actuamos como si la naturaleza dependiera de nosotros, nos sentimos un poco mejor y algo más seguros, aunque la obvia realidad es que somos los humanos los que dependemos totalmente de la naturaleza, aunque, al mismo tiempo, somos parte de ella y, por tanto, podemos influir en ella. Por ello, nos sentimos más conectados y fortalecidos cuando complementamos nuestras acciones físicas y mundanas con un poco de magia, y el Beltane nos proporciona una gran oportunidad para hacerlo. A continuación, te sugerimos algunas actividades del Beltane que te ayudarán a sintonizar mágicamente con la estación a través de actuaciones tanto mundanas como místicas.

Revisa tus defensas

Los antiguos celtas podían sentirse un poco más seguros después de realizar sus ritos de fuego de Beltane destinados a purificar y proteger a sus animales, tal y como a nosotros, a los paganos modernos, nos resulta reconfortante hacer todo lo que podemos mágicamente para ayudar a garantizar y salvaguardar nuestro éxito. Ya sea mediante un amuleto extra colocado sobre una cerradura perfectamente funcional o a través de un cristal enterrado bajo una planta ya sana y próspera, nos gusta hacer todo lo posible para obtener protección mágica y, con su fuerte energía solar, el Beltane nos ofrece una oportunidad perfecta para realizar trabajos mágicos de protección.

Considera revisar tus defensas este Beltane, tanto las mágicas como las mundanas. Podrías inspeccionar las cerraduras de las puertas y ventanas de tu casa y repararlas cuando sea necesario. A continuación, cuelga un pequeño trozo de espino por encima de cada entrada como protección mágica adicional. También puedes echar un vistazo a tus hábitos personales y a tu estilo de vida y, si te encuentras a menudo en situaciones peligrosas o tienes un comportamiento arriesgado, considera la posibilidad de adoptar precauciones adicionales. Por ejemplo, ¿caminas a solas por la noche cuando podrías hacerlo con un acompañante? ¿Te sería conveniente asistir a un curso de defensa personal? ¿Mantienes relaciones sexuales frecuentes, pero no usas protección? Aumenta las medidas de seguridad siempre que puedas. A continuación, haz un amuleto de protección personal atando en un paño blanco una pizca de sal, asociada a las energías solares protectoras. Lleva el amuleto contigo para ayudar a repeler el peligro.

Sé creativo

El Beltane tiene un flujo de energía muy vibrante, imaginativo y fértil que puede utilizarse para ayudar a poner en marcha tus propios proyectos creativos. ¿Has pensado alguna vez en escribir un libro o un poema? ¿Tienes un cuadro inacabado escondido en el fondo del armario? ¿Y ese trozo de arcilla artística que nunca has utilizado? Al igual que las semillas de la tierra empiezan a brotar y a crecer, las ideas que se originan en el corazón y la mente pueden materializarse cuando llega el Beltane. Realmente no importa el tipo de arte que hagas. Puedes pintar un cuadro, hacer fotos, componer música, hacer una coreografía, tejer un gorro o incluso decorar una tarta. Mientras trabajas en ese arte, imagina que tus deseos actuales se hacen realidad, y haz todo lo posible para permitirte experimentar lo que sentirás cuando eso ocurra. Deja que esta energía y esta emoción fluyan por tu cuerpo y lleguen al arte. En poco tiempo, tendrás una obra de Beltane que te recordará que tú también eres un espíritu creador, al igual que la dulce madre tierra.

Disfruta de la naturaleza

Como ocurre con todos los sabbats, el Beltane señala un momento del año en el que es especialmente beneficioso renovar y fortalecer nuestra conexión con la naturaleza. Es un buen día para ocuparse del exterior, tal vez arrancando malas hierbas, podando, regando o abonando. Plantéate la posibilidad de plantar algunas flores o semillas de hortalizas; quizás incluso un árbol. Da un paseo por la naturaleza o disfruta de un pícnic en un parque de tu zona. Hagas lo que hagas al aire libre, fíjate en las plantas, los sonidos, los olores y las sensaciones. Toca la vegetación. Disfruta de la sensación del sol en tu piel. Observa y considérate una parte integral y hermosa de todo ello. Si no puedes salir al exterior, acércate a algunas plantas de interior, acariciando suavemente su follaje o regándolas mientras piensas en cómo la planta vive y crece gracias a la cooperación entre el sol, el agua, la planta y la tierra. Si no tienes plantas de interior, mira por una ventana y absorbe todo lo que puedas. Cierra los ojos y fíjate en lo que puedes recordar sobre lo que ves, oyes o percibes. ¿Qué puedes imaginar que hay más allá de tu vista? Visualízalo con la mayor claridad posible, e imagínate a ti mismo en esta naturaleza salvaje de tu propia creación.

Ponte elegante

Para los celtas, el Beltane era una época de purificación, en la que las impurezas y las influencias malignas se alejaban de la gente, de sus animales, de sus tierras, de sus posesiones y de sus hogares. No es una coincidencia que muchos paganos modernos vean el Beltane también como una época de purificación. Como la amenaza del invierno ya ha pasado, es lógico que también tengamos el instinto de imitar a la naturaleza sacudiéndonos los últimos restos de oscuridad y peligro. Es posible que sintamos la necesidad de arreglarnos a nosotros mismos y a nuestras casas, animando las cosas con un cambio de imagen primaveral. Los baños rituales, los rituales con fuego, la limpieza de la casa y otros métodos se emplean comúnmente durante el Beltane como medio para desterrar las energías negativas y las influencias perniciosas.

Para un baño ritual de Beltane purificador, se puede poner sal marina, lavanda u otros minerales y hierbas purificadoras en el agua de la bañera, mientras el practicante visualiza cualquier impureza física o espiritual fluyendo fuera del cuerpo y dentro del agua. Después del baño ritual, mímate con un traje primaveral elegante y un nuevo corte de pelo o peinado, y te sentirás rápidamente renovado, fresco y en sintonía con el flujo energético fértil, vibrante y próspero del Beltane.

Los rituales con fuego pueden incluir velas o fogatas, con ritos que requieren que los participantes rodeen el fuego o (con cuidado) salten sobre las llamas como medio para purificar la mente, el cuerpo y el espíritu.

Limpiar el desorden y quitar el polvo de la casa puede hacer maravillas a la hora de desterrar la tristeza, mientras que un jarrón de flores frescas enriquecerá el espacio vital y recordará la belleza de la naturaleza. Como medida de purificación adicional, se puede encender salvia y utilizarla para ahumar la casa, así como el espacio ritual y las herramientas mágicas, ya que se cree que esta acción ahuyenta las influencias no deseadas y despeja las energías estancadas. En lugar de la salvia, se puede utilizar agua salada o una mezcla de aceite esencial de lavanda y agua de manantial. En ese caso, solo hay que rociar el perímetro de cada habitación, empezando por el este y siguiendo en el sentido de las agujas del reloj alrededor de un espacio determinado.

Haz locuras

El Beltane es un momento excelente para la aventura, y el comportamiento imprudente (hasta cierto punto), audaz y espontáneo es ampliamente aceptado. Podrías celebrarlo con un viaje improvisado a un lugar exótico, una breve excursión por carretera a una ciudad vecina o reuniendo finalmente el valor para tratar de ligar con esa persona especial. ¿Hay algún deporte que te gustaría probar, algo atrevido? ¿Qué tal un nuevo pasatiempo o un nuevo curso? Tal vez haya un miedo al que estés dispuesto a enfrentarte. Atrévete y abraza el espíritu divertido y despreocupado del Beltane. Si lo haces, podrás aprovechar al máximo las oportunidades que ofrece esta época del año tan emocionante y dinámica.

Abre paso al agua

Durante el Beltane, se suelen visitar pozos, ríos, lagos y otras fuentes de agua sagradas como una forma de honrar la fertilidad de la tierra. El agua, símbolo de la feminidad, la vida, la creatividad y las energías de las diosas, es un acompañamiento perfecto para muchos procedimientos de Beltane. Rituales y pícnics se celebran, a menudo, cerca de grandes masas de agua. Además suelen colocarse ofrendas cerca de pozos y manantiales sagrados. Plantéate la posibilidad de hacer un viaje a una fuente este Beltane, y tómate tu tiempo para admirar la belleza del agua, pedir un deseo y dejar un regalo o dos. Tan solo asegúrate de que el regalo no sea una fuente de contaminación; opta por objetos naturales como piedras o flores, o pequeñas cantidades de alpiste, frutas o verduras.

HECHIZOS Y ADIVINACIÓN

ginnings, birth, renewal, rejuvenation, balance, fertility, chang

gth, vernal equinox, sun enters Aries, Libra in the Sou

een Man, Amalthea, Aphrodite, Blodeuwedd, Eostre, E

Flora, Freya, Gaia, Guinevere, Persephone, Libera, A

t, Umaj, Vela, Aengus MacÓg, Cernunnos, Herma, The

a, Mabon Osiris, Pan, Thor, abundance, growth, health, c

ealing, patience understanding virtue, spring, honor, content

abilities, spiritual truth, intuition, receptivity, love, inner se

ement, spiritual awareness, purification, childhood, innocenc

creativity, communication, concentration, divination, harmo

ties, prosperity, attraction, blessings, happiness, luck, money

uidance, visions, insight, family, wishes, celebrating life cyc

ship, courage, attracts love, honesty, good health, emotions,

provement, influence, motivation, peace, rebirth, self preserva

ne power, freedom, optimism, new beginnings, vernal equinox

tion, sun, apple blossom, columbine, crocus, daffodil, daisy

honeysuckle, jasmine, jonquil, lilac, narcissus, orange blossom

e, rose, the fool, the magician, the priestess, justice, the sta

athering growth abundance oar seeds honor dill asparo

El Beltane tiene un flujo de energía fuerte, sensual, fértil y rápido, lo que lo convierte en un momento ideal para trabajar con hechizos y adivinaciones que se centren en el amor, el romance, la energía, la purificación, la protección, la manifestación y la abundancia. Aquí hay algunos hechizos y métodos de adivinación que puedes probar este Beltane. Cada técnica se puede adaptar fácilmente a tus necesidades y deseos; solo tienes que mantener la mente abierta y confiar en tus propios instintos, intuición y poderes mágicos.

Hechizos de Beltane

Mientras trabajas con estos hechizos, ten en cuenta que el corazón de la magia está en la bruja y no en el procedimiento empleado. Mientras que las instrucciones de los hechizos generalmente se centran en describir los detalles de la forma externa del rito, a menudo se pasa por alto o se omite por completo la alquimia interna que tiene lugar en la mente y el corazón de la bruja. Aquí encontrarás información sobre el proceso mágico interno que acompaña a cada trabajo, pero entiende que cada bruja experimentará este proceso de manera ligeramente diferente.

Toma estas instrucciones como sugerencias para inspirarte en la creación de tus propios métodos mágicos, y como previsión de lo que puedes esperar durante y después de cada práctica. Estos hechizos pueden ser utilizados en cualquier momento, pero serán especialmente efectivos si se trabajan durante el Beltane.

Hechizo de dos velas para el amor

Este hechizo te ayudará a atraer a una pareja romántica o sexual. Necesitarás dos velas, dos sujetavelas, un palillo o aguja o cualquier otra cosa con la que raspar la cera, un plato resistente al fuego, un poco de tu propia saliva y cerillas o un mechero.

Busca un lugar especial y tranquilo para realizar este hechizo. Empieza por despejar tu cabeza, dejando que tus preocupaciones y pensamientos mundanos se desvanezcan. A veces, esto puede ser difícil, si tienes muchas cosas en la cabeza. Si ese es el caso, sigue adelante y tómate un tiempo para pensar antes de intentar entrar en un estado mental adecuado para la magia. Despeja tu cabeza y trata de pensar en ti mismo como un ser mágico que existe más allá del ego, más allá de la identidad y la personalidad. Una vez que tu cabeza esté en calma, despeja el espacio en el que vas a realizar la magia. Utiliza la visualización y la fuerza de voluntad para «expulsar» mentalmente cualquier energía negativa o estancada fuera del espacio. Puede ser útil caminar en círculo mientras usas la palma de tu mano o tu varita para dirigir las energías no deseadas fuera del espacio. Deberías ser capaz de sentir la energía negativa mientras la alejas de la zona. Una vez que lo hayas desterrado todo, habrá una sensación de claridad y vacío en el espacio.

Ahora es el momento de llenar ese vacío con energías poderosas y deseables que puedan ayudarte con tu hechizo. Aquí, como en toda la magia, la elección es totalmente tuya. Muchas brujas comienzan llamando a los elementos, invitando a las energías del aire, el fuego, el agua y la tierra al espacio sagrado, y luego pasan a invitar a los poderes de la Diosa y de Dios para que les ayuden con el rito mágico. Tal vez quieras invocar a entidades o formas divinas específicas que estén estrechamente relacionadas con

Beltane, como Beal, el Dios Cornudo, o la Diosa en su aspecto de Doncella.

Cuando invites a estas fuerzas a tu espacio, ya sean elementos o deidades, concéntrate en cualquier característica que las identifique y siente el poder de cada ser energético al entrar en el espacio. Recuerda que, en el mundo de la magia, la mente diseña el plan, pero las emociones son las que lo ejecutan. Si estás llamando al elemento aire, por ejemplo, siente la emoción que te produce una brisa fresca, utiliza el increíble poder de tu propia respiración para conectar con la fuerza elemental que corresponde. Del mismo modo, si estás llamando a las energías de la Diosa, conjura en tu corazón el amor materno, el amor por tu propia madre, y tu apego a la tierra y a todo lo que te aporta y necesita de ti.

Al invitar a los elementos, deidades u otros poderes, querrás hacer todo lo que puedas para convertirte en la energía o en las fuerzas que esperas que se unan a ti para tu hechizo. Piensa en ellas, envíalas, siéntelas, sé ellas e invítalas a unirse a ti.

Ahora que los preliminares están resueltos, es el momento de ir al grano. Sostén una de las dos velas en la mano y piensa en el tipo de amante que quieres. Imagina la sensación que tendrás cuando este nuevo compañero te abrace, te toque, te diga cuánto te quiere y el atractivo que tienes. Siente eso, y concéntrate en esa sensación más que en tu necesidad o deseo de tenerlo. Di con determinación y certeza: «Esto que tengo en la mano no es una vela, sino mi nuevo amante». Enciende la vela y colócala en un candelabro.

Ahora, sujeta la otra vela en la mano y piensa en todas las maravillosas características que tienes para ofrecer a tu próxima pareja romántica. Conjura en tu corazón y en tu cuerpo un sentimiento de amor y pasión. Imagina que estás expresando tu amor y admiración por tu nuevo amante que está por llegar, y vierte esta energía en la vela que tienes en la mano. Utiliza el palillo para rayar tu nombre completo en la cera de la vela. Besa la vela y frota un poco de tu propia saliva a lo largo de ella. Di con pasión: «Esto no es una vela, sino yo mismo como un maravilloso amante».

Saca la segunda vela encendida del sujetavelas y enciéndela para tener una en cada mano, la vela que te representa a ti y la que representa a tu futuro amante. Utiliza las llamas de las velas para derretir ligeramente la cera de un lateral de cada vela, y después presiona las dos velas para que formen una sola con dos mechas. Utiliza el mechero para derretir un poco la parte inferior de la vela doble para que se pegue, y colócala sobre el plato ignífugo. Observa cómo arden las llamas mientras imaginas estar con tu nuevo amante, y envía sentimientos de amor y pasión a la vela doble mientras se derrite.

Puedes observar cómo se consume hasta el final, o apagarla y volver a encenderla a la noche siguiente y posiblemente también la siguiente, repitiendo la parte en la que viertes amor y pasión en la vela doble mientras arde. Una vez que la vela doble se haya derretido por completo, coge el trozo de cera sobrante y colócalo al sol encima de una roca grande, preferiblemente cerca de una masa de agua si tienes un lugar bonito cerca. Con suerte y fe, deberías encontrar a tu próximo amante en los próximos tres ciclos lunares. Mientras el hechizo está en efecto, ten fe en él, pero trata de no pensar demasiado sobre ello ni dudar del mismo, ya que esto puede inhibir la magia. Presta atención a las personas con las que te relacionas y mantente pendiente de nuevas caras y de personalidades que parezcan inexplicablemente atraídas por ti o en sintonía contigo. Mantén la mente, el corazón y los ojos abiertos, y mira y actúa de la mejor forma posible para dar al hechizo la máxima oportunidad de éxito. Si no estás satisfecho con los resultados después de unos meses, repite o prueba con un hechizo diferente, abordando el objetivo mágico desde otro ángulo.

Hechizo de hierbas amorosas de efecto rápido

Aquí hay otro hechizo de amor que es muy simple, ya que no requiere nada más que un pequeño trozo de tela rosa, un fragmento de cordel o de cinta roja o púrpura, y un puñadito de hierbas comunes que probablemente puedas encontrar en tu despensa, tu jardín o tu barrio. Las hierbas, como todos los seres vivos, están llenas de sus propias vibraciones energéticas y de sus propios atributos que pueden ser activados y dirigidos hacia el poder mágico. Este hechizo incorpora varias hierbas que son especialmente eficaces para atraer el amor y el romance, así como una planta para ayudar a acelerar la magia. Dado que el poder de este hechizo se encuentra en este caso principalmente en las hierbas, se requiere solo de un mínimo esfuerzo mental y de energía emocional.

Necesitarás un poco de romero (para el amor y el poder mágico en general), un poco de albahaca (para el amor), algunos pétalos de rosa (para el amor y el romance) y una ramita de menta (para la rapidez). Las hierbas frescas son más potentes, pero las hierbas secas sirven en caso de necesidad. Corta la tela rosa o blanca en un círculo de unos diez centímetros de diámetro. Coloca las hierbas de una en una sobre la tela, pensando en los atributos de cada hierba y conjurando el mismo tipo de energía mientras lo haces. Por ejemplo, al añadir los pétalos de rosa, piensa en el amor y el romance y proyecta la emoción de estas energías en la hierba. Una vez que todas las hierbas estén encima de la tela, mézclalas todas con las yemas de los dedos o con la varita, afirmando mientras lo haces que estas hierbas te traerán amor con rapidez. Tira de los bordes de la tela para formar un fardo, y utiliza el cordel o la cinta para atar la parte superior y mantener todo el contenido en su sitio. Sostén el manojo en tu mano, cerca de tu corazón, y proyecta en él un sentimiento de amor. Llévalo contigo para atraer nuevos romances. Las oportunidades deberían empezar a manifestarse en pocos días. Este amuleto es de acción rápida, pero no es de larga duración. Después de un par de semanas, desata el manojo y lanza las hierbas al viento, enviando con él deseos románticos para todas las almas solitarias del mundo que todavía no han encontrado a alguien a quien amar.

Hechizo del sol y el cuarzo citrino para la energía y la purificación

¿Te sientes lento y cansado, o como si estuvieras atascado en una rutina mental? Este hechizo utiliza el poder del sol y el poder natural de la sal y las piedras para eliminar el estancamiento y dar a tu cuerpo y mente un impulso de energía para el Beltane. Necesitarás sal, un pequeño cristal de cuarzo citrino y un lugar soleado y al aire libre para realizar el hechizo. Comienza arrodillándote y colocando las palmas de las manos sobre el suelo. Permítete sentir cansancio, pereza, aburrimiento, desgana... lo que sea que te aqueje. Deja que estas energías fluyan libremente por tu cuerpo, y luego dirige el flujo hacia fuera a través de tus manos y hacia el suelo desnudo. Vacía tu cuerpo de toda la energía estancada y perezosa que sea posible, dejándola fluir hacia la tierra hasta que experimentes una sensación de vacío. A continuación, coge la sal y espolvoréala sobre la tierra en la que acabas de liberar la energía viciada de tu propio cuerpo. La sal tiene una cualidad purificadora que te ayudará a eliminar los patrones que se esconden detrás de tu rutina actual.

Ahora, dirige tu atención hacia el sol y siente la cálida luz mientras brilla sobre tu piel. Concéntrate en el calor y luminosidad, y dile a esta energía que entre en tu cuerpo. Imagina que la luz fluye dentro de ti, y siente el calor y la fuerza que te llenan de arriba a abajo. Puedes levantar las manos o la varita hacia el sol para facilitar el flujo de energía.

A continuación, mantén la piedra de cuarzo citrino orientada hacia el sol. El cuarzo citrino tiene muchos atributos energéticos en común con la luz del sol. Al igual que el sol, el cuarzo citrino tiene una vibración fuerte y muy positiva, y también es excelente para neutralizar o purificar la negatividad y otras formas de «oscuridad». Mientras sostienes el cuarzo citrino hacia el cielo, utiliza la visualización y la fuerza de voluntad para «atraer» la luz del sol hacia la piedra. Deberías sentir que la piedra se «carga», cosa que puedes percibir como un aumento de la temperatura o como una mayor tasa de vibración energética. Una vez que la piedra te parezca «llena», colócala encima de la sal esparcida. Frota el cuarzo citrino sobre la superficie de la zona, moviendo los cristales de sal y pensando en que estás listo para algo nuevo, un impulso de energía fresca que te inspire con un nuevo propósito y te motive hacia una nueva aventura. Imagínate tan vívidamente como puedas, de modo que realmente sientas y experimentes emocionalmente cómo será tener más energía, sentirte despierto y poderoso, sentirte entusiasmado y renovado. Presta atención a tu postura corporal y ajústala en consecuencia para que estés alineado físicamente con tu objetivo. (Por ejemplo, si quieres sentirte feliz, ponte de pie como si fueras feliz, sonríe como si fueras feliz, etc.).

Coloca el cuarzo citrino ahora sobre tu palma y esparce más sal fresca por encima. Frótalo con la sal en la palma de la mano mientras dejas que la luz del sol se derrame sobre la mezcla. Siente la energía; percibe el enorme poder del cuarzo citrino aumentando y vibrando salvajemente. Afirma en voz alta o mentalmente: «Al igual que el sol y esta piedra, ¡estoy supercargado y energizado!».

El hechizo está completo. Lleva el cuarzo citrino contigo o déjalo en un área abierta de tu casa para obtener los mejores resultados. Deberías experimentar un impulso inmediato de energía que debería continuar por lo menos durante varios días y posiblemente durante mucho más tiempo, dependiendo de la fuerza de tu magia en comparación con la fuerza de los factores que te quitan energía en tu vida diaria.

Hechizo para plantar judías en el Beltane para la manifestación y la abundancia

Este hechizo es una reminiscencia de un acto mágico llevado a cabo durante el *Powanu* del pueblo hopi, conocido como la Ceremonia de Plantación de Frijoles. Poco antes de la temporada de cultivo, las judías se plantaban en el interior en recipientes que representaban los grandes campos exteriores que pronto darían las cosechas. Estas «cosechas» interiores en miniatura se regaban, se cuidaban, se les rezaba y se encendían fuegos en la casa para acelerar la germinación de las semillas. Si las judías brotaban, se consideraba un indicio de que las cosechas reales también lo harían, y se creía que la acción de cuidar los minicultivos ayudaba a garantizar ese éxito. La mayoría de nosotros no cultivamos, pero sí cultivamos otras cosas en nuestras vidas. Este hechizo incorpora aspectos de la tradición del pueblo hopi en un trabajo mágico más contemporáneo que es relevante y efectivo para la bruja moderna. Necesitarás un puñado de judías secas de cualquier variedad, un poco de tierra y una maceta, una cacerola poco profunda u otro recipiente en el que plantar las judías. También necesitarás unos trozos de cristal de cuarzo y varias velas de color blanco, dorado o amarillo.

Empieza por llenar el recipiente con tierra. Es mejor evitar las mezclas para plantas en maceta que contienen fertilizantes químicos; intenta encontrar una tierra de buena calidad para que tu hechizo tenga unas condiciones óptimas. Piensa en la tierra y en las cosas que crecen, en las plantas y en los árboles, en los animales y en otros seres vivos que habitan el planeta. Siente que eres uno de esos seres vivos, uno más de los seres que crecen en la Tierra. Piensa en cómo nuestras vidas están vinculadas a la tierra y dependen de ella: la tierra nos proporciona tanto los cimientos como el combustible sobre el que crecemos. Aunque solo tengas ante ti un pequeño recipiente de tierra, a nivel energético es lo mismo que la gran tierra que está fuera de tu puerta. Coloca tus manos sobre el recipiente y afirma en voz alta o para ti mismo: «Esta es la tierra. Este es el lugar donde mis deseos se manifiestan. Esta es la tierra en la que creceré».

Visualiza todo el planeta, viendo tu lugar en el globo mientras te mantienes justo donde estás.

Ahora, piensa en las plantas florecientes de todo el mundo, imaginando su aspecto y sus olores con la mayor claridad posible.

Mantén las judías en tu mano y piensa en cómo esas semillas concretas también florecerán. Visualiza un objetivo por cada judía. Imagina que ya tienes lo que quieres, y proyecta la emoción y el sentimiento que te produce en cada una de las «judías del deseo» que prepares. Planta las judías en el recipiente de tierra y vierte un poco de agua sobre ellas. Introduce los extremos inferiores de los cristales de cuarzo en la tierra para que las puntas sobresalgan un poco. El cuarzo es un amplificador natural de energía, y su presencia ayudará a magnificar el poder mágico que ya has vertido en las judías de los deseos.

Rodea el recipiente con las velas, pensando, al hacerlo, en el sol y en su intenso poder que alimenta la tierra. Enciende las velas, invitando a la luz solar y a cualquier otra energía o entidad que desees a entrar en las llamas, prestando su fuerza para ayudar a que tus judías de los deseos prosperen. Piensa en el poder de las llamas de la lata, el poder del sol, fluyendo hacia las judías y hacia tus deseos, cargándolos para que crezcan. Apaga las velas para terminar con esta parte del trabajo.

El hechizo aún no está completo. Tendrás que seguir regando y cuidando tus judías de los deseos hasta que broten. Siéntate junto al recipiente durante unos minutos cada día y envía un sentimiento de amor y alegría a la tierra y a las judías. Visualiza cómo se manifiestan todos tus deseos, imaginando el éxito total en todos tus esfuerzos. Repite la operación cada día hasta que las judías broten, y luego guárdalas o trasládalas a un lugar exterior si lo deseas. La germinación de las judías debería coincidir con el momento en que cada deseo comienza a manifestarse de verdad. Si muchos de tus deseos no brotan, quizá quieras volver a examinar si realmente eran factibles, ¡o bien puedes culpar a la calidad de la tierra y volver a intentarlo!

Adivinaciones de Beltane

Al igual que los hechizos anteriores, estos métodos de adivinación se pueden trabajar en cualquier momento, pero pueden ser más eficaces si se utilizan durante el Beltane o en torno a él. Ten en cuenta que cualquier sistema de adivinación, ya sea un recurso complejo como el tarot o algo tan simple como una margarita en flor, actúa solo como una herramienta y una puerta que te permite acceder más fácilmente a la conciencia colectiva y a tu propia intuición interior y a tus habilidades psíquicas. Confía en tus sentidos y ábrete a la información y a los sentimientos que afloran en ti.

Adivinación con huevos y bannocks

Un método tradicional de adivinación practicado en Beltane en Escocia, Inglaterra y otros lugares consistía en hacer rodar ciertos alimentos por las colinas. Los huevos duros y/o los *bannocks*, un tipo de torta de avena gruesa y redonda con un lado marcado con una cruz, se llevaban a la cima de una colina y se hacían rodar por la ladera. El destino del huevo o del pan al llegar al final de la colina se consideraba una indicación de la suerte del que lo hacía rodar. Si el huevo permanecía intacto y si el *bannock* caía con el lado más claro hacia arriba, significaba buena suerte, mientras que si la cáscara del huevo se rompía o el *bannock* caía con la cara de la cruz hacia arriba, significaba que se esperaba mala suerte. He aquí una variación moderna de este método tradicional de adivinación popular; pruébalo con tus amigos para divertirte al máximo.

Hierve unos huevos y, si no quieres molestarte en buscar una receta tradicional de *bannocks*, simplemente hornea una bandeja de galletas. En cada uno de los huevos, escribe un objetivo, un deseo o una pregunta para los que te gustaría conocer las perspectivas de futuro. En cada una de las galletas, dibuja un símbolo solar en la cara superior o inferior. Lleva las galletas y los huevos a una colina cubierta de hierba y hazlos rodar hacia abajo, pensando en el objetivo, el deseo o la pregunta mientras lanzas cada uno de ellos colina abajo. Si una cáscara de huevo se rompe, o una galleta cae con el símbolo solar hacia arriba, interprétalo como una respuesta de no, improbable, o no por el momento. Por otro lado, si el huevo viaja cuesta abajo sin sufrir daños, o la galleta cae con el símbolo solar hacia abajo, se interpreta como una respuesta de sí, una señal de buena fortuna y una afirmación de que tus objetivos y deseos probablemente se harán realidad.

Flor de la Fortuna

He aquí una costumbre tradicional de adivinación de Beltane que es extremadamente sencilla. Ve a un campo de margaritas o dientes de león, cierra los ojos y recoge un gran puñado mientras piensas en un objetivo importante a largo plazo. Tradicionalmente, el objetivo solía ser el matrimonio, pero puedes adaptar este método para discernir el destino de cualquier aspecto de tu vida. Abre los ojos y cuenta el número total de flores de tu ramo. El número indica cuántos años pasarán antes de que tu deseo se haga realidad. Como alternativa, puedes hacer una pregunta de sí o no mientras recoges las flores, y luego determinar la respuesta contando el número de flores: un número par indica un no, mientras que un número impar de flores significa un sí.

Adivinación del Tarot del Amor

Este método de adivinación puede ayudarte a identificar una posible pareja amorosa para el Beltane o más adelante. Comienza por separar las cartas de la corte, que incluyen la sota, el caballo, la reina y el rey de cada palo. Si quieres, también puedes sacar el mago, la gran sacerdotisa, la emperatriz, el hierofante, el ermitaño, el ahorcado, el diablo y el loco. Todas estas cartas representan arquetipos específicos y rasgos de personalidad. Puedes omitir las cartas de los arcanos mayores si lo deseas, pero se obtiene una muestra más amplia y una representación simbólica de la población general si se incluye el conjunto completo de cartas arquetípicas, que deberían ser veinticinco en total.

A continuación, dirige tu atención a las cartas restantes de la baraja. Míralas una por una, seleccionando las cartas que te parezca que representan elementos que te gustaría tener en una futura relación, formas en las que esperas que tu nueva pareja brille. No te guíes por los significados de las cartas que aparecen en un libro, y en su lugar utiliza tu propia intuición y tu respuesta emocional para calibrar el significado de cada imagen.

Una vez que hayas seleccionado todas las cartas que quieras, extiéndelas ante ti, boca arriba. Debajo de ellas, coloca las veinticinco cartas arquetípicas boca abajo. Puedes colocarlas en un gran montón, alinearlas en una sola fila o disponerlas en cinco filas de cinco. Vuelve a mirar las cartas que tienes boca arriba y piensa en los aspectos que esperas encontrar en tu próximo romance. Concéntrate en la pregunta «¿Quién me lo dará?» y, sin mirar, selecciona una de las veinticinco cartas arquetípicas. La carta que elijas es una indicación del tipo de persona que sería ideal para ti como pareja romántica.

Aunque tradicionalmente las cartas de la corte se asocian con el género y se basan en el color (la sota como masculino o femenino, las reinas como femeninas, los caballos y reyes como masculinos, las copas como personas de piel y pelo claros, los pentáculos como personas de piel y pelo oscuros, etc.), no hay necesidad de restringir tus interpretaciones a estas pautas anticuadas. Como ya se ha dicho, estas cartas representan arquetipos y rasgos de personalidad que pueden aparecer en cualquier persona, independientemente de su sexo, color de pelo, piel, etc.

Sin embargo, las cartas arquetípicas pueden dar una indicación precisa del nivel de madurez que a menudo, aunque no siempre, se corresponde con la edad. Un rey o una reina o una carta arquetípica del arcano mayor (la emperatriz, el emperador, etc.) tienden a ser más maduros y serios y a estar más asentados en sus costumbres que una sota juguetona, mientras que un caballo suele tener un nivel de madurez adulto, pero sigue siendo enérgico y juvenil en muchos aspectos.

Examina los demás atributos revelados en la carta que has visto para obtener más pistas sobre tu mejor pareja amorosa en potencia. ¿Qué rasgos de personalidad representa la carta? ¿El nombre, la imagen o el simbolismo de la carta indican una ocupación o un puesto específico en la vida? Consulta las guías de tarot para conocer los significados detallados de las cartas, sigue tu propia intuición o utiliza las interpretaciones de las cartas de la corte que se ofrecen a continuación para ayudarte a identificar a tu pareja ideal:

- Sota de Copas: Busca a alguien muy joven y juguetón, con un espíritu amante de la diversión, artístico y que vive el momento. Puede que les falte practicidad y planificación, pero lo compensan con entusiasmo y espontaneidad.

- Caballo de Copas: Esta carta significa que tu lugar está junto a una persona muy romántica, de las que declaran sus afectos de forma elaborada y dramática. Este tipo de persona sabe cómo expresar afecto y admiración, y lo hace libremente.

- Reina de Copas: Busca a alguien con un corazón bondadoso, cariñoso y romántico, pero que mantiene su yo más interno bastante oculto. Este tipo de persona tiende a parecer muy ligero, efervescente y extrovertido de espíritu, aunque suele tener un lado más secreto en el que sus afectos y pasiones más profundos se mantienen ocultos a todos, excepto a los que se consideran más dignos.

- Rey de Copas: Si eliges esta carta, indica que serás feliz con una pareja alegre, compasiva, cariñosa y amorosa. Esta persona será segura de sí misma y confiada, aunque por lo general hablará con amabilidad. Su corazón manda sobre su cabeza y tiende a ser muy sentimental, a tener un buen sentido del humor y un gran amor por la risa, los amigos y la familia.

- Sota de Bastos: Esta carta revela que para ti sería estupenda una pareja que sea joven, leal y una excelente comunicadora. En otro sentido, esta carta podría apuntar a una persona cuya profesión tenga que ver con las comunicaciones o con la mensajería.

- Caballo de Bastos: Si eliges esta carta, mantén los ojos abiertos para encontrar a alguien muy poco convencional y diferente. A este tipo de persona le encanta impresionar y tiene en alta estima a quienes escuchan sus ideas, que a veces pueden ser un poco rebuscadas o idealistas. Esta persona puede ser un poco egoísta o engreída, pero vive la vida a su propio ritmo y es decididamente inconformista, negándose a ser reprimida por las convenciones, la tradición o las normas sociales y culturales.

- Reina de Bastos: Se trata de una persona independiente, segura de sí misma y mucho más audaz de lo que puede parecer a la mayoría de la gente. Suelen tener un gran amor por los animales y la naturaleza. Tienden a ser muy sociables y disfrutan de una buena fiesta. Sus afectos son bastante cambiantes, pero el lado positivo es que rara vez tienen problemas para dejar atrás las circunstancias y las personas negativas. Este tipo de persona suele ser autodidacta, ya que se eleva desde una posición inferior en la vida para alcanzar un mayor éxito gracias a su propio talento, ambición y esfuerzo.

- Rey de Bastos: Esta carta indica una persona exitosa, establecida, respetada y poco convencional. Tienden a vivir «en su propio mundo», y pueden tener problemas para ver las perspectivas de los demás. Este tipo de persona puede parecer dominante, pero a menudo su inseguridad sale a la superficie.

- Sota de pentáculos: Estate pendiente de un individuo de mente seria y joven. Este tipo de persona tiene una excelente concentración y suelen ser muy trabajadores y estudiantes dedicados. Si eliges esta carta, la pareja que más te guste podría ser un estudiante o una persona que acaba de entrar en el mundo laboral y está deseando avanzar en su profesión. Este tipo de persona puede ser un poco soso y aburrido a veces, pero son sensatos, prácticos, inteligentes y responsables.

- Caballo de pentáculos: Es una persona práctica y sensible. Disfrutan de las cosas sencillas de la vida, y no les importa trabajar duro para hacerlas posibles. Son dedicados y decididos, y a veces pueden tener una percepción y un propósito demasiado únicos. Este tipo de persona suele amar a los animales y apreciar mucho el mundo natural.

- Reina de Pentáculos: Mantén los ojos abiertos para encontrar a una persona que es fuertemente independiente, apasionada y terrenal. Suelen ser un poco introvertidos y aman profundamente. Este tipo tiende a ser demasiado pegajoso a veces y puede tener problemas para soltar lastre, pero el lado positivo es que son muy leales y prácticos, y estarán ahí para ti cuando los necesites.

- Rey de Pentáculos: Esta carta revela que te conviene una pareja madura, establecida y pudiente. Este tipo de persona suele tener mucho éxito en las empresas comerciales y en las actividades agrícolas, ya que suelen tener tanto una buena habilidad matemática como muy buenas manos para la jardinería. Les gustan las cosas buenas de la vida y valoran mucho el lujo y la riqueza material, pero también tienen un espíritu terrenal con una fuerte conexión con la naturaleza y un sano aprecio por la belleza del mundo natural. Suelen disfrutar cuidando de la comodidad y las necesidades de las personas que los rodean.

- Sota de espadas: Esta persona es atrevida, temeraria y un poco rebelde. Suele tener la actitud de alguien que tiene que demostrar algo, y puede ser bastante irresponsable y osado a veces, persiguiendo objetivos personales sin tener en cuenta las consecuencias. Este tipo puede ser deshonesto, pero el lado positivo es que viven el momento y les encanta arriesgarse y hacer que las cosas sucedan. Es una persona de acción y valentía, con una fuerte dosis de arrogancia.

- Caballo de Espadas: Si te sale esta carta, estate atento para encontrar a un tipo heroico. Se trata de un individuo valiente, audaz y defensor de causas nobles. Se esfuerzan por hacer lo correcto a toda costa, sin importar la cantidad de esfuerzo o sacrificio que se requiera. Este rasgo puede hacer que a veces parezca un poco monotemático, ya que tiende a anteponer las causas y los principios a las personas. Es probable que esta persona sea extremadamente encantadora, enérgica y de espíritu y personalidad fuerte, un verdadero «caballero de brillante armadura».

- Reina de Espadas: Esta carta indica una persona fuerte, decidida, elegante y tenaz. Suelen tener una personalidad dominante y encajan bien en roles de liderazgo. Este tipo parece tenerlo todo controlado en todo momento, manteniendo un semblante austero a pesar de cualquier agitación interior que pueda estar ocurriendo. Suelen tener un toque de tristeza interior que se esfuerzan por ocultar, ya que dan mucha importancia a mantener una apariencia de normalidad. A menudo se les malinterpreta por ser «fríos», pero una vez que se derrite el hielo, aman muy profundamente y a menudo para siempre. Defenderán a las personas en las que creen y aprecian, con independencia de las circunstancias o de las opiniones de los demás.

- Rey de Espadas: Si sacas esta carta, puede ser que te convenga más un individuo con una personalidad muy enérgica y una presencia dominante. Este tipo suele estar en posiciones de poder y liderazgo. Pueden tener un temperamento fuerte, y a menudo desarrollan actitudes y comportamientos mandones. Suelen sentirse más cómodos cuando desempeñan un papel dominante en sus relaciones personales. Tienen una gran determinación y, una vez que se dedican a un objetivo, una idea o un curso de acción concreto, es muy poco probable que cambien de camino o de posición.

RECETAS
Y
ARTESANÍA

...ginnings, birth, renewal, rejuvenation, balance, fertility, chang...

...gth, vernal equinox, sun enters Aries, Libra in the Sc...

...een Man, Amalthea, Aphrodite, Blodeuwedd, Eostre, E...

...Flora, Freya, Gaia, Guinevere, Persephone, Libera, Ei...

...t, Umaj, Vila, Aengus MacOg, Cernunnos, Herma, The...

...a, Mabon Osiris, Pan, Thor, abundance, growth, health, c...

...ealing, patience understanding virtue, spring, honor, contenti...

...abilities, spiritual truth, intuition, receptivity, love, inner se...

...ement, spiritual awareness, purification, childhood, innocenc...

...creativity, communication, concentration, divination, harmo...

...ties, prosperity, attraction, blessings, happiness, luck, money...

...uidance, visions, insight, family, wishes, celebrating life cyc...

...ship, courage, attracts love, honesty, good health, emotions,...

...provement, influence, motivation, peace, rebirth, self preserva...

...ne power, freedom, optimism, new beginnings, vernal equino...

...tion, sun, apple blossom, columbine, crocus, daffodil, daisy...

...honeysuckle, jasmine, jonquil, lilac, narcissus, orange blossom...

...se, rose, the fool, the magician, the priestess, justice, the sta...

...athering, growth, abundance, eggs, seeds, honey, dill, asparag...

Mientras que los rituales, la adivinación y los hechizos son, sin duda, unas formas increíbles de celebrar los sabbats, a veces pasamos por alto las formas más sencillas que pueden ser igual de satisfactorias y significativas. Cuando incorporamos la práctica de los sabbats a nuestra vida diaria, obtenemos una mayor percepción y una comprensión más profunda de los cambios energéticos que se producen en cada uno de los ocho días sagrados. En este capítulo encontrarás ideas de recetas, artesanía y decoración que te ayudarán a celebrar el Beltane de forma práctica, que cualquiera puede hacer, y que te harán sentir que vives tu oficio y que caminas como una verdadera bruja, no solo en el ritual, sino también en la vida cotidiana.

Recetas del Beltane

El Beltane es un gran momento para las reuniones, y no hay mayor incentivo para una reunión que una deliciosa experiencia culinaria. A medida que el verano comienza y las temperaturas van subiendo, muchos paganos modernos se dan cuenta de que es el momento perfecto para disfrutar de una comida al aire libre bajo el sol. Plantéate la posibilidad de organizar un pícnic o una barbacoa, y asegúrate de que las comidas sean ligeras para entrar en armonía con las energías brillantes y de rápido movimiento del Beltane. El cuerpo puede convertir rápidamente las frutas, las verduras y los pastelillos ligeros en energía que puedes sumar a tu magia del Beltane, mientras que los alimentos pesados, como las carnes grasas y las salsas espesas, tienen una vibración más lenta que puede hacer que te sientas más flemático.

Aquí tienes un desayuno de pícnic con platos ligeros y sabrosos, perfectos para el Beltane. Cada receta está diseñada con ingredientes elegidos por sus atributos mágicos, y se incluyen instrucciones para añadir la intención mágica al proceso de cocción. Siéntete libre de adaptar estas recetas a tu gusto y estilo personal.

Natillas de limón benditas

Estas deliciosas natillas de limón están elaboradas mágicamente para expresar la gratitud por las bendiciones del Beltane y beneficiarte aún más de la energía del momento.

Ingredientes:
- 4 tazas de leche,
- 2 tercios de taza de azúcar,
- 4 huevos enteros y 2 yemas (6 huevos en total),
- 4 cucharadas de zumo de limón,
- 1 cucharadita de extracto de vainilla,
- galletas estilo Graham,
- 1 cucharada de azúcar en polvo (opcional),
- 1 ramita de menta fresca (opcional).

Comienza calentando la leche en una cacerola a fuego medio hasta que empiece a emitir vapor y a burbujear ligeramente y, antes de que empiece a escaldar o hervir, añade el azúcar y remueve hasta que se disuelva. Añade los huevos (para separar un huevo, basta con romper la cáscara y pasar el contenido del huevo de un lado a otro entre las dos mitades de la cáscara, dejando que la clara gotee en un bol hasta que tan solo quede la yema). Remueve lentamente con una cuchara de madera hasta que la mezcla esté bien integrada. Es posible que tengas que reducir el fuego ligeramente; lo ideal es que burbujee suavemente, pero sin que llegue a hervir. Si empieza a hervir, retira la olla del fuego y deja que se enfríe durante unos segundos. Sigue removiendo con frecuencia, con movimientos lentos y suaves. A medida que la mezcla siga calentándose, empezará a espesar de forma notable. Esto puede tardar hasta 15 minutos, así que ten paciencia y no le quites los ojos de encima.

Una vez que las natillas tengan un aspecto visiblemente diferente, mucho más parecido al de un flan, reduce el fuego ligeramente y deja que las natillas se sigan cociendo durante unos cinco minutos más.

Las natillas pueden ser complicadas, y a veces parece que no quieren espesar por mucho tiempo que se cocinen. Si tienes este problema, no te preocupes. Basta con espolvorear lentamente unas cuantas cucharadas de harina, añadiendo un poco cada vez y batiendo las natillas muy enérgicamente para ayudar a eliminar los grumos. El resultado final es técnicamente una crema pastelera y no unas natillas, y la textura será un poco diferente, pero seguirá teniendo un sabor delicioso.

Una vez que las natillas hayan espesado a tu gusto, retíralas del fuego y añade el zumo de limón y el extracto de vainilla. Cuando agregues el zumo de limón, piensa en la luz del sol y de la luna. Al poner el extracto de vainilla, que tiene una vibración energética en sintonía con el amor y el romance, piensa en el amor entre la Diosa y el Dios, la naturaleza, la humanidad y el individuo. Vierte las natillas en un bol, deja que se enfríen a temperatura ambiente y mételas en la nevera hasta que estén frías.

A continuación, coloca trozos de galleta estilo Graham en el fondo y los lados de los recipientes individuales mientras piensas en la tierra sólida, en el vientre de la madre naturaleza del que brota la abundancia de flores, frutas y verduras de mayo. Rellena cada plato con las natillas de limón mientras piensas en tierra hermosa y floreciente, y contempla todas las delicias que esperas que te traiga el Beltane. Adórnalo con una pizca de azúcar en polvo y una ramita de menta fresca si lo deseas.

Bayas con nata de la abundancia

Esta creación te ayudará a obtener suerte en el romance o cualquier otra cosa que desees este Beltane.

Ingredientes:
- medio kilo de bayas frescas mixtas,
- 1 taza de nata para montar,
- 2 cucharadas de miel.

Empieza con una tanda de bayas frescas mezcladas. Las fresas y las frambuesas tienen una energía amorosa y apasionada que es especialmente buena para conjurar la fortuna romántica, pero cualquier tipo de baya se puede sintonizar con tu objetivo específico y se puede utilizar de forma eficaz en esta receta. Lava las bayas, escúrrelas bien y colócalas en un cuenco bonito, pensando en tu objetivo mágico. Para hacer la nata montada, vierte la nata líquida fría en un cuenco. Si quieres obtener los mejores resultados, utiliza un cuenco de metal y una batidora de mano de varillas hecha de metal, y mételos previamente en el frigorífico o en el congelador para que estén bien fríos. Asegúrate de que el cuenco y la batidora estén secos y sin humedad o condensación antes de empezar. Bate la nata con la batidora hasta que empiece a espesar, y luego añade lentamente la miel.

Mientras trabajas la mezcla, piensa en la fertilidad de la tierra y de los animales, en la madre arquetípica y en la «leche» que proporciona a sus hijos. Sigue montando la nata hasta que alcance la consistencia deseada. Piensa en la abundancia y la manifestación mientras la crema empieza a solidificarse. Sabrás que está lista cuando veas que se forman picos suaves en la crema, o cuando ya no gotee fácilmente de una cuchara. Para ahorrar tiempo, puedes mezclar la crema con una batidora eléctrica, pero puede ser una experiencia mucho más gratificante y mágica realizarlo a la antigua usanza. Sirve las bayas en pequeños cuencos y adorna cada uno de ellos con un poco de nata montada. Para que el resultado sea más elegante, sirve las bayas y la nata en una copa de cristal transparente o en una copa de vino, haciendo capas consecutivas de bayas, nata, bayas, nata, y así.

Yogur con miel

Este sencillo plato de yogur está especialmente pensado para ayudar a que los deseos del Beltane se hagan realidad.

Ingredientes:
- 4 tazas de yogur de vainilla,
- 1 cuarto de taza de miel,
- galletas estilo Graham, cereales de salvado o rodajas de manzana fresca (opcional).

Empieza con un yogur de vainilla, añade la miel y remueve mientras te concentras en deseos felices. Piensa en algo que te haga sentir muy bien y proyecta ese sentimiento de alegría en la mezcla de yogur. Sírvelo con galletas estilo Graham, o adórnalo con salvado si lo deseas. Si quieres, puedes pedir a tus invitados que mojen sus rodajas de manzana en el yogur, pidan un deseo y luego la muerdan.

Café helado de vainilla y canela

Esta bebida de café frío está diseñada para aumentar los sentimientos de emoción, placer, amor y pasión en todos los que la beben.

Ingredientes:
- 1 cafetera de café preparado,
- 1 cucharadita de canela,

- de 2 a 3 cucharaditas de extracto de vainilla,
- Leche, crema de leche o azúcar al gusto (opcional).

Prepara una cafetera (lo mejor es que sea de tueste medio o ligero) la noche anterior al pícnic. Mientras el café se calienta, imagina los granos de café creciendo a la luz del sol, y piensa en la enorme cantidad de calor y energía que proporciona el astro rey. Una vez que el café está preparado, añade la canela, pensando en su energía caliente y apasionada. Fantasea con algo que te entusiasme mientras dejas que el café se enfríe a temperatura ambiente, y luego déjalo en la nevera durante toda la noche. Por la mañana, añade extracto de vainilla y proyecta un sentimiento de amor y placer en el café mientras lo remueves. Sírvelo con hielo, mezclando azúcar y leche o crema de leche al gusto. Si sabes que todos tus invitados van a querer el café dulce, añade el azúcar antes de enfriar el café, ya que así se disolverá mucho mejor. De lo contrario, tan solo tienes que removerlo enérgicamente hasta que esté mezclado a tu gusto.

Menú del Beltane

Aquí tienes un menú para una barbacoa de Beltane. Al igual que con el desayuno de pícnic, cada receta está diseñada con ingredientes elegidos por sus atributos mágicos. Las instrucciones incluyen consejos para añadir una intención mágica al proceso de cocción. Siéntete libre de adaptar estas recetas a tu gusto y estilo personal.

Hamburguesas de champiñones portobello a la parrilla para sintonizar con Beltane

Estas «hamburguesas» vegetarianas te ayudarán a sintonizar con las energías mágicas del Beltane.

Ingredientes:
- champiñones portobello, una por cada ración,
- aceite de oliva,
- sal marina,
- panecillos,
- lechuga, tomate, cebolla, mayonesa, mostaza, kétchup y otros condimentos al gusto.

Lava las setas, quitando los tallos pero dejando los sombreros intactos. Fíjate en la forma natural de la seta, que muchas culturas consideran un símbolo sagrado de los dioses y también una representación fálica, parecida a los genitales masculinos. Piensa en las energías masculinas y solares que cobran fuerza en el Beltane mientras secas las setas. A continuación, pincela las setas con una ligera capa de aceite de oliva, símbolo del amor. Mientras lo haces, piensa en el amor y el romance que esperas que te traiga el Beltane. Espolvorea las setas con una pizca de sal marina, asociada a la purificación y al poder divino femenino. Contempla la mezcla de energías femeninas y masculinas mientras espolvoreas la sal, y visualiza cómo se disuelve cualquier negatividad u obstáculo rígido en tu vida. Coloca los champiñones en la parrilla caliente, y dales la vuelta cada pocos minutos hasta que ambos lados estén tiernos. Esto puede llevar de cinco a diez minutos, dependiendo del calor de la parrilla y del grosor de los champiñones. Sabrás cuándo están listos porque notarás un cambio evidente de color y olor. Sírvelo en un panecillo tostado como si fuera una hamburguesa, y acompáñalo de lechuga, tomate, cebolla, mayonesa, mostaza, kétchup y cualquier otro condimento que desees.

Espárragos asados sensuales con romero y ajo

Esta sencilla receta te ayudará a sentirte poderoso y sensual, confiado y sexy, y preparado para el romance de Beltane.

Ingredientes:
- medio kilo de espárragos frescos y enteros,
- 1 cucharada de mantequilla,
- 1 diente de ajo picado,
- 1 cuarto de cucharadita de sal,
- 1 ramita de romero fresco.

Empieza con los espárragos enteros y frescos, bien lavados y secos. Coloca los espárragos en el centro de un trozo de papel de aluminio de tamaño mediano, alineando los tallos uno al lado del otro de forma que todas las puntas queden orientadas hacia el mismo lado. Fíjate en que los espárragos imitan la forma de la varita priápica, o varita con punta de piña, un instrumento mágico asociado a Dionisio, dios de los bosques, el placer, la lujuria y el vino, y una manifestación de la divinidad masculina en una de sus formas más lujuriosas. Coloca una pequeña porción de mantequilla sobre los espárragos y espolvorea el ajo de forma uniforme sobre ellos. Condimenta con la sal. Coloca una ramita de romero fresco encima de los espárragos mientras te imaginas dando un beso a alguien a quien admiras. Dobla los lados del papel de aluminio para que los espárragos queden completamente cubiertos y coloca el manojo en la parrilla durante unos diez minutos. Piensa en el ascenso simbólico de la fuerza divina, tanto en la tierra que florece como en ti mismo, mientras los espárragos se calientan.

Amigable ensalada de pasta arcoíris

Este sencillo plato de acompañamiento de Beltane está diseñado para aumentar los sentimientos de amistad y comunidad. Prepáralo con antelación para que, cuando acabes de asar la comida, puedas sacarlo de la nevera ya listo para servir.

Ingredientes:
- medio kilo de *rotini* (espirales de pasta) arcoíris,

- 1 cucharadita de aceite de oliva,
- 2 tercios de taza de aderezo de ensalada ranchera,
- media taza de aceitunas negras picadas,
- 1 cuarto de cucharadita de sal,
- 1 cuarto de taza de queso parmesano.

Pon una olla grande de agua a hervir y después añade medio kilo de *rotini* arcoíris secos y una pizca de sal. Fíjate en los diferentes colores de la pasta y piensa en cómo personas de todas las edades, colores y disposiciones se reúnen para disfrutar del sol de mayo. Piensa en tus amigos y envía tus buenos sentimientos a los *rotini* mientras se cocinan. Hierve hasta que la pasta esté al dente, unos ocho minutos. Escurre la pasta y enjuágala con agua fría. Rocía la pasta con aceite de oliva, imaginando una energía amorosa y compasiva que llueve sobre la gente de tu comunidad. Revuelve suavemente la pasta hasta que el aceite se distribuya de forma uniforme. Deja que los *rotini* se enfríen a temperatura ambiente. Después, mete el plato en el frigorífico hasta que esté bien frío. Añade el aderezo de ensalada ranchera, las aceitunas negras picadas, la sal y el queso parmesano. Cuando añadas las aceitunas, piensa de nuevo en el amor, la amistad y la compasión. Mézclalo todo bien y guárdalo en frío hasta que lo vayas a comer.

Galletas de sol supercargadas

Estas galletas ligeras y deliciosas aumentarán tu energía y te ayudarán a sintonizar con las fuertes vibraciones solares del Beltane.

Ingredientes:
- 2 tazas de harina común,
- 1 taza de azúcar,
- 1 cuarto de cucharadita de sal,
- 1 cucharadita de polvo de hornear,
- 1 cuarto de cucharadita de bicarbonato,

- 250 gramos de mantequilla derretida,
- 1 huevo,
- 1 cuarto de taza de zumo de naranja,
- 2 cucharaditas de ralladura de naranja.

Precalienta el horno a 180 °C. Mezcla la harina, el azúcar, la sal, el polvo para hornear y el bicarbonato. Incorpora la mantequilla ablandada y añade el huevo. Los cítricos se asocian con las energías solares, por lo que las galletas necesitarán un toque de sabor a naranja para estar completas. Añade el zumo de naranja y la ralladura de su piel, invitando a los poderes del sol a entrar en la mezcla. Deja que la masa se enfríe y, a continuación, haz bolitas con trozos del tamaño de una cucharada sopera, colócalas en una bandeja de horno engrasada con una separación de unos dos o tres centímetros y aplástalas ligeramente. Hornea durante unos diez minutos.

Limonada de unión

Esta limonada mágica puede facilitar la cooperación y los sentimientos de unión y camaradería. Como fruta cítrica, los limones se asocian con el sol, pero sus vibraciones más sutiles asocian la fruta con las energías de la diosa lunar también, lo que los convierte en una opción especialmente adecuada para una base de bebida de Beltane que simboliza la unión entre la Diosa y el Dios.

Ingredientes:
- 10 limones,
- 4 litros de agua fría,
- 2 tazas de azúcar.

Corta los limones por la mitad de forma horizontal y, después, exprime el zumo. Mientras exprimes el zumo de los limones, contempla los regalos que nos hace la naturaleza, la tremenda cantidad de energía vertida en la tierra por la Diosa y el Dios para hacerla florecer. Añade el zumo de limón a los cuatro litros de agua fría y después agrega el azúcar. Proyecta tus propios sentimientos de amor y gratitud en la limonada mientras remueves el azúcar. Añade un poco más de azúcar si no está tan dulce como te gustaría. Sírvela con hielo y disfrútala.

Vino mágico de mayo

Bebe este vino de mayo para dar la bienvenida a la primavera y renovar tu sensación de juventud y vigor. Sustituye el vino blanco por zumo de uva blanca con gas o sidra de manzana para hacer una versión sin alcohol.

Ingredientes:
- de 7 a 10 ramitas de asperilla, sin flores,
- un trozo de cordel de unos 20 cm de largo,
- 1 botella de vino blanco (preferiblemente un vino joven, de la cosecha del año anterior),
- 2 cucharadas de miel (opcional),
- 1 botella de medio litro de agua con gas (opcional),
- más ramitas u hojas de asperilla (para decorar, opcional),
- varias fresas frescas (para decorar, opcional),
- una naranja pequeña cortada en rodajas finas (para decorar, opcional).

Empieza por atar los tallos de la asperilla con el cordel, para formar un manojo. Mientras preparas la asperilla, piensa en la energía de la planta, asociada a la sexualidad, la protección y el poder mágico. Abre el vino blanco y mete el manojo de asperilla en la botella para que las hierbas se sumerjan en el líquido y deja que el cordel cuelgue por la parte superior del cuello de la botella. Déjalo reposar durante un par de horas y, a continuación, saca la asperilla de la botella. Enfría el vino en el frigorífico. Si quieres hacer un vino dulce, rocía miel dentro de la botella de vino, vuelve a poner el corcho y agítalo un poco hasta que la miel se mezcle con el vino. El vino de mayo ya está listo para beber, pero, si prefieres darle un poco de vida, vierte el vino en una ponchera grande, añade el agua con gas y agrega unas cuantas rodajas de naranja y racimos de hojas de asperilla para que floten en la superficie del líquido. Si lo deseas, adorna cada porción individual con una fresa fresca cortada con una hendidura en la parte inferior para poder colocarla en el borde de la copa de vino.

Artesanía de Beltane

Mientras que los rituales, hechizos y meditaciones nos ayudan a conectar con el significado más profundo de cada sabbat, no hay nada como la artesanía y las manualidades prácticas para ayudarnos a estar en sintonía con el flujo energético de la temporada. Aquí tienes algunas manualidades fáciles de hacer para este Beltane.

Una varita priápica

Una varita priápica (con punta de piña) es una herramienta ideal para la magia de Beltane y un símbolo perfecto de la temporada. Con una piña joven en la punta, la varita simboliza la fertilidad y la sexualidad. La forma de la piña recuerda a un falo, por lo que se considera un emblema sagrado de la deidad en su forma masculina, joven y lujuriosa. ¿Por qué no haces tu propia varita priápica este Beltane? Una varita priápica es ideal para utilizarla en hechizos de amor y magia de lujuria, y también aportará un impulso de confianza, energía y fuerza adicional a todos tus trabajos de magia.

Necesitarás:
- un palo recto, de entre 22 y 33 centímetros, con un extremo bifurcado o hendido si es posible y se desea,

- una piña joven: preferiblemente verde, y con una base o tallo estrecho en el extremo,
- guantes,
- un cordel o hilo: preferiblemente verde, rosa o amarillo,

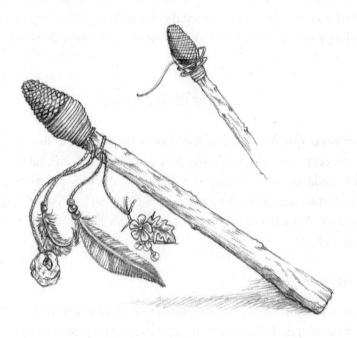

- una navaja de bolsillo (opcional),
- papel de lija, lima de uñas o piedra rugosa (opcional),
- otros adornos como flores, hojas o plumas (opcional).

Para empezar, primero tendrás que encontrar un palo para utilizarlo como varita. Por favor, elige palos caídos en lugar de romper las ramas de un árbol vivo. Intenta encontrar un palo que sea bastante recto y de la longitud de la varita. Esto último es una cuestión de opinión, pero por lo general es de entre 22 y 33 centímetros, y varía en función de las creencias, tradiciones y preferencias de cada persona. El sauce, el roble, el pino o el espino son opciones especialmente buenas, pero deja que tu intuición prevalezca sobre el tipo de madera específico. Si no te sientes cómodo trabajando con una navaja, intenta encontrar un palo con una hendidura o bifurcación natural en uno de los extremos.

También tendrás que encontrar una piña para usarla como punta de la varita. Lo más adecuado es la fase verde, recién brotada, preferiblemente con una base estrecha y/o un pequeño trozo de tallo en la parte inferior para que sea más fácil de sujetar a la varita.

Una vez hayas reunido el material, empieza a preparar el palo, eliminando la tierra y la corteza sueltas si así lo deseas, y arrancando las ramitas sobrantes. Utiliza papel de lija, una piedra rugosa o una lima de uñas para alisar los lugares afilados. Si has elegido un palo que no tiene un extremo bifurcado ni una hendidura natural en el extremo, tendrás que hacer algunos ajustes. Ponte los guantes de protección y utiliza una navaja para cortar una pequeña hendidura vertical en el centro de la punta de la varilla, de entre poco más de un centímetro y dos o dos y medio de profundidad. Introduce la base de la piña en la hendidura o entre las horquillas de la punta de la varilla.

Utiliza un cordel o un hilo para sujetar la piña en su sitio. Tan solo tienes que cortar un trozo de cuerda de unos treinta centímetros de largo y atar el extremo de la cuerda alrededor de la varita, cerca de la base de la piña, y hacer un nudo firme. A continuación, envuelve la cuerda alrededor de la varita y continúa envolviendo hasta que hayas cubierto un tercio de la piña. Mete el extremo de la cuerda y átala para asegurarla.

Tu varita priápica ya está lista, pero, si quieres, puedes darle un poco de vida. Plantéate la posibilidad de añadir adornos como flores, hojas, cuentas o plumas, fijándolos con un hilo. Los añadidos más perecederos, como las hojas y las flores, pueden incluirse en el último momento, justo antes del ritual, para que sigan estando frescos cuando llegue el momento de la magia.

Una vez que estés satisfecho con el diseño general, tómate un momento para potenciar tu varita, cargándola y expresando tu intención de que la varita sea una herramienta de magia. Puedes hacerlo simplemente sosteniendo la varita en dirección al sol, e invitando a las fuerzas elementales o a las deidades con las que te gusta trabajar a entrar en la varita. Por ejemplo, puedes decir algo como:

> *Dentro de esta varita doy la bienvenida*
> *al poder del sol,*
> *a la fuerza de la tierra,*
> *a la magia de los dioses.*
> *Servidme bien y yo serviré al mundo*
> *con amor, luz y magia.*

Utiliza tu varita priápica para la magia del amor; para trabajos de hechizos que induzcan a la pasión o a la lujuria; para aumentar la fuerza, el coraje o la energía; y para cualquier otro rito de Beltane que sientas que debes hacer.

Corona floral de Beltane

Como símbolos de la fertilidad, la vida y la belleza, las flores son un elemento prominente en muchas tradiciones primaverales. En la Antigua Roma, la diosa Flora era representada a menudo con un anillo de flores alrededor de la cabeza, mientras que la Reina de Mayo de las celebraciones europeas del Primero de Mayo llevaba un atuendo similar. Si quieres añadir un toque festivo a tu vestimenta de Beltane este año, plantéate la posibilidad de elaborar una corona floral que puedes ponerte. Este diseño puede servir de corona decorativa.

Necesitarás:
- 6 tallos de vides, palos finos y flexibles, o hierbas o tallos de flores largos y gruesos: cada uno de entre 60 y 75 cm de longitud,

- flores,
- cordel,
- tijeras y/o cizallas de jardín.

Empieza por reunir todos los materiales. Primero, tendrás que encontrar suficientes tallos de vides u otros materiales para hacer la base de la corona. Lo ideal es que las vides sean marrones por fuera, pero sigan estando verdes por dentro. Pero, si no las encuentras, puedes utilizar palos finos y flexibles, hierbas largas y gruesas, o tallos de flores que sean muy largos y resistentes. Si tienes pensado ponerte la corona en la cabeza, mide los materiales a medida que los reúnes para asegurarte de que serán lo suficientemente grandes como para que te quepan en la cabeza. Necesitarás unos seis trozos de vides o lo que sea que estés utilizando, cortados a una longitud de entre sesenta y setenta y cinco centímetros.

También necesitarás recoger algunas flores para decorar tu corona de Beltane. Utiliza lo que puedas encontrar creciendo cerca de tu casa, o visita una floristería y pide flores locales de temporada. Mantén las flores en agua para que se conserven frescas hasta que lo tengas todo listo para empezar.

Empieza por colocar las hebras largas de la corona, distribuyendo las vides, los palos, las hierbas o los tallos uno al lado del otro. Si tus materiales no parecen lo suficientemente flexibles, remójalos en agua durante un par de horas para que sean más manejables. Corta un trozo de cordel de unos diez centímetros de largo y utilízalo para unir los hilos en un extremo. Deja el hilo sobrante donde está.

Separa las hebras en tres grupos de pares y, a continuación, trénzalos o retuércelos sin apretar, trabajando hacia abajo hasta llegar al final de las hebras. Utiliza otro trozo de cordel para unir los hilos en la parte inferior de la «cuerda» que has creado. A continuación, superpón los dos extremos de la «cuerda» para lograr la forma circular de una corona. Si vas a llevar la corona, prueba el tamaño en esta fase para asegurarte de que te queda bien antes de hacerla definitiva. Si la corona está un poco deformada, solo tienes que trabajarla con las manos y doblarla con cuidado hasta que esté a tu gusto. Una vez que estés satisfecho con el tamaño y la forma de la corona, utiliza el exceso de cordel de cada extremo para unirla en un círculo. Añade más cordel si es necesario para fijar todo en su sitio, y luego recoge hacia dentro o recorta los trozos sobrantes.

A continuación, coloca las flores. Solo tienes que meter los tallos por las aberturas de la circunferencia trenzada y asegurarlos con un cordel si es necesario. Si quieres, invita a las energías de la diosa de la feminidad, la belleza y la compasión a entrar en la corona. Tu corona de flores de Beltane ya está lista para ser colgada en la puerta o para llevarla en la cabeza como representación material de la fuerza de la primavera.

Palo de Mayo de Beltane

Los Palos de Mayo tienen sus raíces en el paganismo germánico primitivo practicado en algunas partes de Europa durante la Edad de Hierro y la época medieval. Su simbolismo se ha relacionado con el Árbol del Mundo, pero lo más habitual es que el Palo de Mayo, con su forma fálica, se considere un símbolo de fertilidad. Aunque la tradición del Palo de Mayo puede haber evolucionado a partir de prácticas más antiguas de decoración de árboles vivos durante el Beltane, en la época en que la tradición se arraigó realmente en Europa era común que los Palos de Mayo se hicieran con un árbol que se había cortado especialmente para este fin. Los hombres se dirigían a los bosques para buscar el árbol más alto para el Palo de Mayo mucho antes de que tuviera lugar la celebración. A veces, el árbol de Yule se guardaba y se reciclaba como Palo de Mayo del año siguiente.

Los Palos de Mayo se erigían en zonas públicas donde toda la comunidad podía verlos. Originalmente, el palo se decoraba con guirnaldas y coronas de flores y hojas, y más tarde se añadían cintas de colores. Los aldeanos, especialmente las doncellas jóvenes, bailaban alrededor del Palo de Mayo con la esperanza de atraer la fertilidad y la buena fortuna a la comunidad.

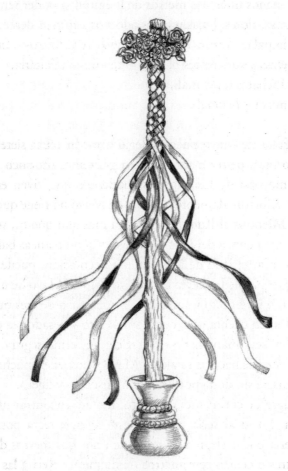

Palo de Mayo de tamaño normal

Si quieres hacer tu propio Palo de Mayo para este Beltane, ¡hazlo! No es tan difícil como parece, y ni siquiera tendrás que cortar ningún árbol en el proceso. Aquí te explicamos cómo hacerlo.

Necesitarás:
- una rama de árbol larga y recta o una varilla de espiga: de al menos unos dos metros de longitud, a poder ser,
- cintas, flores, hojas u otros adornos según se desee,
- una pala, y/o una maceta de unos 18-20 litros u otro recipiente, y suficientes piedras o tierra para llenarla,
- chinchetas (opcional),
- pintura (opcional).

Los Palos de Mayo pueden llegar a medir hasta siete u ocho metros o más, pero un tamaño tan grande es un poco inviable para la mayoría de los paganos modernos que viven en zonas urbanas. Afortunadamente, tu Palo de Mayo no tiene que ser tan grande. Mientras el Palo de Mayo sea más alto que tú, será suficiente para la danza del Palo de Mayo, y si no planeas bailar sino más bien usar el Palo de Mayo como decoración, puede ser aún más pequeño. Puedes hacer un bonito Palo de Mayo de un metro de altura, o un bonito y robusto Palo de Mayo de tres metros de altura. Ten en cuenta que, cuanto más alto y pesado sea el poste, más difícil será mantenerlo en vertical de forma segura. Si es la primera vez que haces un Palo de Mayo y no tienes mucha ayuda, me inclinaría sin duda por un palo más corto y ligero.

En lugar de cortar un árbol vivo, intente encontrar una rama ya caída. Lo ideal sería una que esté lo más recta posible. Lo mejor sería poder elegir una rama de unos dos metros de altura y unos tres o cuatro centímetros de diámetro. Retira las ramitas que te sobren y ya está. Si no puedes encontrar una rama así, puedes utilizar barras de madera compradas o incluso una barra de cortina de ducha para que sirva de poste. No es tan natural, pero bueno, ¡a veces una bruja tiene que hacer lo que pueda!

Lo mejor es que decores al menos parcialmente tu Palo de Mayo antes de montarlo, sobre todo si es muy alto. Si vas a utilizar cintas, córtalas de forma que sean el doble de largas que el Palo de Mayo. Átalas alrededor de la parte superior del poste para que caigan por todos los lados. Si quieres, puedes utilizar chinchetas para fijar las cintas en su sitio. Si no quieres usar chinchetas, simplemente coge otro trozo de cinta y envuélvelo alrededor del poste justo debajo de las cintas. Enrolla la cinta alrededor del poste varias veces y átala con nudos grandes y voluminosos para crear una base más gruesa que impida que las cintas superiores se deslicen hacia abajo.

A continuación, utiliza una cinta para fijar las flores, hojas, guirnaldas u otros adornos a la parte superior del poste. Puedes colocar un trozo de cinta en espiral a lo largo de todo el palo, de arriba a abajo, para darle el efecto de poste de peluquería o bastón de caramelo. Si quieres, utiliza la pintura para añadir símbolos que sean personales para ti o que consideres especialmente adecuados para la festividad. No hay una «forma correcta» de decorar un Palo de Mayo. Déjate guiar por tu creatividad personal y tu sentido de la estética. Puedes hacerlo todo y decorar tu Palo de Mayo por completo ahora, o reservar parte de la diversión para cuando tu Palo de Mayo ya esté puesto en pie. La forma de montar y asegurar el Palo de Mayo dependerá de su altura y peso. Obviamente, cuanto más pesado y alto sea, más difícil será el trabajo. Con un poste de tamaño medio o grande, tendrás que cavar un agujero de unos 30 centímetros de profundidad, introducir el extremo inferior del Palo de Mayo y rellenar el agujero con tierra, teniendo cuidado de compactarla alrededor de la base del poste. Procura que no se tambalee. Si tu Palo de Mayo tiene más de tres metros de altura o más de cinco centímetros de diámetro, lo más probable es que tengas que asegurarlo con otros medios, como el hormigón vertido o una base de madera resistente, ambos fuera del alcance de este sencillo tutorial de manualidades. Si tienes un Palo de Mayo decorativo más pequeño, de dos metros de altura o menos y que no sea demasiado pesado, probablemente podrás saltarte la excavación del agujero. Solo tienes que llenar una maceta de unos dieciocho o veinte litros u otro recipiente grande con una mezcla de tierra y piedras, y luego enterrar en ella el extremo del Palo de Mayo. Coloca una capa gruesa de roca por encima para evitar que el palo se desplace.

Una vez que el Palo de Mayo esté en posición vertical, añade los toques finales a la decoración. Inaugura el Palo de Mayo con un baile, invitando a tus amigos, si es posible. El baile del Palo de Mayo puede ser extremadamente complejo, pero en realidad no es difícil hacer una versión simplificada. Forma un círculo alrededor del poste y haz que cada persona se coloque un poco más cerca del centro. Las personas que están más cerca del poste giran y dan vueltas en la dirección opuesta a las personas que están más atrás. Cada uno de ellos sujeta el extremo de una cinta, y los bailarines del «bucle interior» cruzan por debajo de la cinta que tienen al lado, moviéndose hacia el borde exterior del círculo mientras el bailarín vecino avanza hacia el centro. Si esto sigue siendo un poco complicado, prueba con una danza sencilla y fluida, dejando que tu corazón guíe tu cuerpo y permitiendo que tu alma disfrute del momento. Si no tienes a nadie con quien bailar, fíjate en los pájaros, los insectos y los animales que te rodean mientras celebras alrededor del Palo de Mayo.

Decoración de Beltane

El Beltane es esencialmente una celebración del amor, la luz y la alegría de que llegue un tiempo más cálido, y la decoración para las fiestas debería ser igual de ligera y luminosa. Siguiendo unas sencillas pautas y añadiendo algunos toques especiales aquí y allá, tu casa estará lista para el Beltane en un abrir y cerrar de ojos. En primer lugar, vamos a cubrir los aspectos básicos, y luego repasaremos algunas ideas específicas para la decoración festiva que puedes hacer con un presupuesto limitado.

¡Deja entrar la luz!

La «regla» más esencial de la decoración de Beltane es que haya abundancia de luz y aire. Abre las cortinas, sube las persianas, abre las ventanas. Deja que entre el sol. Es difícil adentrarse en el espíritu de Beltane si tu casa está oscura y lúgubre. Si te faltan ventanas, plantéate la posibilidad de comprar más lámparas de pie para iluminar tu casa. Por la noche, enciende velas para darle un toque natural que te ayude a sintonizar con el elemento del fuego, que se considera una fuerza especialmente prominente durante el Beltane.

Para aprovechar al máximo la iluminación de tu casa, utiliza también tejidos y colores claros. Elige algodones ligeros y telas de lino o de gasa en lugar de materiales más pesados, y utiliza colores más oscuros, como marrones profundos, grises oscuros, azules marinos y negros, solo con moderación.

¡Adelante con el verde!

Otro tema principal de la decoración de Beltane es resaltar la belleza de la naturaleza siempre que sea posible y, ¿qué mejor manera de hacerlo que llevar algo de esa naturaleza a tu casa? Utiliza flores frescas con generosidad, colocando ramos de flores silvestres en lugares inverosímiles de la casa o colgando guirnaldas florales de barandillas y mantos. Las flores amarillas son especialmente adecuadas, ya que son el color que más se asocia con el sol. Los helechos y otras plantas verdes de interior también son un buen complemento, ya que suministran vitalidad y crecimiento. Sin embargo, si tienes mascotas o niños pequeños, asegúrate de que las flores u otras plantas que utilices no sean tóxicas.

¡Un poco de romanticismo!

El amor está en el aire durante el Beltane, así que haz que forme parte también de la decoración de tu casa. Mantenlo todo ordenado y limpio, y añade toques románticos donde sea posible. Telas suaves, unos cuantos cojines más, un poco de encaje aquí o allá, un puñado de rosas frescas, un par de fotografías antiguas, una imagen del mar o del amanecer... una pequeña adición aquí o allá puede ser muy útil para recordar a tus invitados las cosas buenas de la vida. Eso sí, no exageres: ¡nadie quiere sentirse como si hubiera entrado en una tarjeta de San Valentín muy cursi! Utiliza mezclas de flores secas y aceites esenciales para otorgar a tu casa una fragancia encantadora y una sensación romántica; el jazmín y las rosas son muy eficaces para promover sentimientos de cercanía y pasión.

Decoración de Beltane casera

Ahora que ya hemos cubierto los aspectos básicos, vamos a hablar de algunas formas geniales de hacer que tu casa tenga un aspecto más festivo para las fiestas con unos pocos toques especiales que requieren muy poco o ningún dinero.

Centro de mesa con un Palo de Mayo en miniatura

Esta decoración tan fácil de hacer dará un toque festivo a una mesa de comedor o a una mesa auxiliar. Todo lo que necesitas es un plato, una mezcla de flores secas, un palo, una cinta y un pequeño trozo de arcilla para modelar. Para empezar, busca un palo liso de entre dieciocho y veinte centímetros de largo. Envuelve el palito con la cinta, enrollándola en espiral de arriba a abajo a lo largo del palito y atándola en ambos extremos para mantenerla en su sitio. A continuación, ata varias cintas a la parte superior del palo, de modo que tengas un trozo de cinta a cada lado. Coloca la base del palo en un pequeño trozo de arcilla para modelar y ponlo en el centro del plato. Llena el plato con la mezcla de flores secas, coloca las cintas alrededor de los lados, y tu centro de mesa para el Beltane ya estará terminado.

Palo de Mayo de sobremesa en miniatura

Altar de fuego y agua

El Beltane marca el momento de la unión simbólica entre la Diosa y el Dios, una ocasión en la que los opuestos se atraen y las polaridades se sincronizan. Un altar de agua y fuego es una forma perfecta de honrar a las mareas de la naturaleza y aportar a tu hogar una gran dosis de magia.

Puedes utilizar cualquier plataforma pequeña para tu altar. Una mesa para el café, una mesita auxiliar o incluso una caja de cartón con libros para mantenerla en su sitio o algo parecido. Cubre el altar con una tela del color de la festividad: el verde o el marrón son muy adecuados, ya que se asocian por igual con la Diosa y el Dios, pero el amarillo, el blanco, el rosa, el plateado o el dorado también serían apropiados.

Para el centro del altar, llena un cuenco grande y transparente con agua, invitando a las energías de la Diosa y al elemento del agua a entrar en él. Coloca velas flotantes en el agua y enciéndelas, invocando al Dios y al elemento del fuego mientras lo haces.

Decora el resto del altar con objetos de colores plateado y dorado, que representan respectivamente a la Diosa y al Dios, a la luna y al sol, al agua y al fuego. Añade flores y otros tipos de vegetación fresca para darle un toque de color, y tu altar estará listo para la magia del Beltane.

Cintas en el techo, flores en el cielo

Si vas a celebrar una fiesta de Beltane, puedes utilizar este diseño para la sala principal de la fiesta o la zona de baile. Todo lo que necesitas es una cinta de colores, chinchetas, clips o cinta adhesiva y un gran puñado de flores frescas o artificiales. Corta la cinta lo suficientemente larga como para que se extienda desde el centro de la sala hasta cada esquina, dejando algo de holgura para que la cinta pueda caer un poco en lugar de mantenerse tensa. Sujeta las cintas al centro del techo con una chincheta. Utiliza más chinchetas para sujetar los extremos sueltos de las cintas a las esquinas y al centro de las paredes de la habitación, utilizando al menos seis hilos de cinta. Cuélgalas como si fueran serpentinas de fiesta, para que cuelguen hacia abajo, pero no tanto como para que tus invitados las golpeen con las cabezas.

A continuación, añade flores, ya sean reales o artificiales. Las artificiales no quedarán tan bien, pero se verán bien durante mucho más tiempo que las flores frescas perecederas. Utiliza clips o cinta adhesiva para fijar las flores reales o artificiales en puntos aleatorios a lo largo de las cintas. Coloca un gran ramo justo en el punto central donde se unen las cintas, y tu salón de fiesta de Beltane estará completo.

¡No te olvides del jardín!

Si quieres que tu casa tenga un aspecto de lo más festivo este Beltane, no te quedes con toda tu impresionante decoración en el interior. Adorna también el exterior de tu casa con cintas, flores y más vegetación. Cuelga una corona de flores en la puerta, coloca algo de vegetación en el buzón, cuelga cintas y flores de los árboles y arbustos. Incluso puedes hacer un tradicional arbusto de mayo, decorando un pequeño árbol o arbusto con cintas, flores, guirnaldas y adornos de conchas pintadas. No te olvides de retirar las ramas muertas u otros desechos de jardín que puedan estorbar para que la belleza viva de la naturaleza pueda brillar.

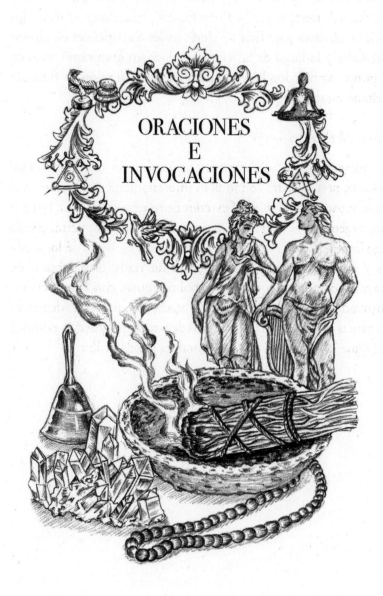

ORACIONES E INVOCACIONES

...nnings, birth, renewal, rejuvenation, balance, fertility, change

...gth, vernal equinox, sun enters Aries, Libra in the Sou...

...en Man, Amalthea, Aphrodite, Blodeuwedd, Eostre, Eo...

...lora, Freya, Gaia, Guinevere, Persephone, Libera, A...

...t, Umaj, Vila, Aengus MacOg, Cernunnos, Herma, The

..., Mabon Osiris, Pan, Thor, abundance, growth, health, ea...

...aling, patience understanding virtue, spring, honor, contentm...

...abilities, spiritual truth, intuition, receptivity, love, inner se...

...ment, spiritual awareness, purification, childhood, innocence

...creativity, communication, concentration, divination, harmon...

...ties, prosperity, attraction, blessings, happiness, luck, money,

...idance, visions, insight, family, wishes, celebrating life cyc...

...ship, courage, attracts love, honesty, good health, emotions,

...rovement, influence, motivation, peace, rebirth, self preservat...

...e power, freedom, optimism, new beginnings, vernal equinox

...tion, sun, apple blossom, columbine, crocus, daffodil, daisy,

...honeysuckle, jasmine, jonquil, lilac, narcissus, orange blossom,

..., rose, the fool, the magician, the priestess, justice, the star

...thering, growth, abundance, eggs, seeds, honey, dill, aspara...

Mientras que algunas oraciones adoptan la forma de una humilde súplica de ayuda hecha a un dios todopoderoso y paternal, para muchos paganos, la oración es más bien una experiencia práctica, una mezcla de trabajo de hechizos y comunicación con los espíritus que implica una activa concentración emocional, mental y espiritual y una delicada aplicación de la adulación, la intención, la fe, el ritmo, la repetición, la visualización y otras técnicas mágicas.

Cuando hablamos de la oración pagana, hay que señalar que la espiritualidad pagana no exige necesariamente una comprensión antropomórfica de las deidades. Los dioses pueden ser vistos como seres antropomórficos, ciertamente, pero también pueden ser vistos como formas de pensamiento, espíritus, símbolos, alegorías, egregores, o simplemente enormes conjuntos de energía, cada uno con sus propios atributos, poder, propósito y potencial. Al igual que un pentagrama es un símbolo que engloba la energía de los cinco elementos, un dios también podría entenderse en cierto sentido como un tipo de ultrasímbolo que engloba la energía de cualquier cosa y de todo lo que esa forma divina representa.

Cada uno de nosotros tiene su propia comprensión de la deidad, y es imperativo que nos acerquemos a la oración con total autenticidad y sinceridad en base a este entendimiento. Cualquiera que sea nuestro concepto personal de la deidad, una oración es siempre un intento directo de obtener cualquier ayuda o asistencia que la deidad pueda ofrecer. Para muchos neopaganos, la responsabilidad no recae en los dioses, sino que también existe una fuerte creencia en la responsabilidad personal por las propias elecciones y las consecuencias que estas conllevan. Somos lo suficientemente humildes como para pedir ayuda, pero no somos tan impotentes como para no darnos cuenta de que gran parte de nuestro destino está en nuestras propias manos mágicas. Cuando rezamos a los dioses, podemos sentir que también nos rezamos a nosotros mismos, que rezamos al mundo o que rezamos para activar esa chispa mágica que solo se puede alimentar con la luz de la esperanza. Nosotros somos los dioses y los dioses somos nosotros; cuando rezamos, nos pedimos a nosotros mismos que lo recordemos, al tiempo que reconocemos que no somos todo lo que hay.

Una invocación es diferente a una oración. La invocación es el proceso de llamar al espíritu energético de una forma divina particular u otra entidad al interior de una persona o cosa. La persona o el objeto se convierte en la forma divina, un canal abierto a través del cual el espíritu invocado puede entrar y manifestarse en el mundo físico mundano. Cuando invoques a un espíritu dentro de ti mismo, primero vacía tu mente de pensamientos relacionados con tu propia vida o identidad personal. Suelta el ego e intenta abrirte lo mejor que puedas, convirtiéndote en un recipiente vacío en el que el espíritu pueda verterse.

Este capítulo contiene una colección de oraciones e invocaciones creadas especialmente para el Beltane. Incorpóralas a los rituales y a los hechizos que realices, utilízalas como guías para la meditación o la elaboración de un diario, o simplemente úsalas por sí solas como una forma de acercarte a las diversas energías de la temporada. Estas oraciones e invocaciones han sido diseñadas para lograr la máxima eficacia, teniendo en cuenta los principios probados y demostrados de la magia hablada y escrita. Sin embargo, no dudes en adaptarlas, ampliarlas, editarlas y elaborarlas como desees.

Invocación al Hombre Verde

¡Hombre Verde, yo te invoco!
Rey de los bosques, señor de lo salvaje,
Maestro de las bestias, ¡ven a mí!
Yo soy la tierra. Yo soy el campo. Yo soy el recipiente, ¡ven a mí!
¡Lléname con tu lujuria! ¡Tu vida! ¡Tu poder!
¡Gran Hombre Verde, yo te invoco!
Por vuestros nombres os convoco.
Cernunnos, Pan, rey de los bosques,
Señor de lo salvaje, maestro de las bestias, ¡ven a mí!
Eres el Dios Cornudo. Eres el Rey del Roble.
Eres el dios que muere y resucita.
¡Pan! ¡Cernunnos! ¡Hombre Verde! ¡Entra en mí!
Me vacío para ti, mi señor.
Me preparo para ti, mi señor.
Móntame, Hombre Verde, móntame
Y volaremos a través de la noche,
A través de los bosques,
A través de los árboles,
Junto a la corriente de la vida eterna.
¡Toca a través de mis manos, saborea a través de mi lengua,
Ve a través de mis ojos, siente a través de mi cuerpo!
¡Corre con mis piernas, alcanza con mis brazos,
Respira con mis pulmones, ama con mi corazón!
¡No soy yo, sino el Hombre Verde quien habla con esta voz!
¡Móntame, Hombre Verde, móntame!

Oración al Hombre Verde

¡Gran Hombre Verde, querido Señor de los Bosques,
Rey de los árboles, dueño de los campos y las aves,

Dios de las rocas y los árboles!
Gran Hombre Verde, ¡te rezo a ti! ¡Por favor, escúchame ahora!
¡Lléname de vida y energía! ¡Protege mi salud!
Mi cuerpo es tu cuerpo, Hombre Verde,
Y prospera y crece como la hierba y las hojas de los árboles.
¡Gran Hombre Verde, te rezo a ti!
Yo soy un retoño y tú eres la arboleda.
Gran Hombre Verde, ¡te ruego que me hagas tuyo!
¡Llena mis bolsillos de abundancia!
¡Protege mi riqueza y tráeme prosperidad!
Mi tesoro es tu tesoro, Hombre Verde,
Y brilla como el sol sobre la hierba y los árboles.
¡Gran Hombre Verde, te rezo a ti!
Yo soy la bellota y tú eres el roble.
Gran Hombre Verde, ¡te ruego que me hagas tuyo!
¡Hazme fuerte como el bosque, vivo como los árboles,
Ocupado como las abejas!
¡Hazme valiente y vivaz, mi señor!
Hazme fuerte; ¡ayúdame a prosperar, mi señor.
Gran Hombre Verde, ¡te ruego que me hagas tuyo!
Un niño del bosque, un bebé de los árboles, tu sirviente,
Tu guardián, tu amigo y tu señor.
Soy la rama que brota. Soy el brote tierno.
Soy la enredadera que sube. Soy la raíz sedienta.
¡Cuídame, Hombre Verde, y hazme tuyo!
Gran Hombre Verde, te ruego, ¡hazme tuyo!

Invocación solar

¡Bel, Belenos, Belemos, Beal!
¡El brillante, el resplandeciente,
El de la luz eterna!
El sol es tu ojo, sus rayos son tus lágrimas,

Con la vida viene la destrucción,
Con los nuevos días mueren los años.
¡El gran Belenos perdura, el luminoso sigue brillando,
El de la luz eterna sigue brillando con fuerza!
¡Belenos, enciéndeme!
¡Soy la antorcha, la lámpara, la mecha!
¡Lléname con tu luz, Belenos!
¡Belenos, enciéndeme!
Entra en mi cuerpo.
Lléname de claridad.
Lléname de luz.
Lléname de fuego.
¡Belenos, enciéndeme y entra en mí!
Soy la hoja que absorbe la luz del sol.
Soy la rama envuelta en llamas.
Soy tuyo, Gran Belenos, ¡préndeme y enciéndeme!

Oración a Belenos

Querido Belenos, ¡el Brillante, el Resplandeciente, el Grandioso!
¡Tú, cuya luz es interminable;
Tú, cuya calidez no cesa jamás;
Tú, cuyo esfuerzo jamás decae!
Querido Belenos, Gran Belenos, te ruego.
¡Brilla sobre mí, tú que eres el brillante!
¡Alimenta mis sueños, tú que eres el brillante!
Bendíceme con tu luz.
Bendíceme con tu amor.
Bendíceme con tu energía, tu fuerza, tu pasión.
Transfórmame con tu fuego.
Hazme digno de tu luz.
¡Hazme brillar con infinito resplandor y amor como tú,
Mi Señor Belenos!

Gran Belenos, por favor, bendíceme.
¡Brilla sobre mis sueños, mis campos y mis rebaños!
¡Brilla sobre la tierra y todas sus bestias!
Ahuyenta a la oscuridad, Gran Belenos.
Ahuyenta a los miedos, las dudas y el frío.
Ahuyenta a la oscuridad, Gran Belenos.
¡Ahuyenta a las tinieblas con tu luz interminable!

Invocación a la Diosa de la Tierra

Hermosa doncella, hermosa diosa de la tierra,
De los campos, las flores, los árboles.
Señora de los océanos, gobernante de los ríos y los mares, gran
Madre de las bestias y los pájaros, ¡yo te invoco!
Gran Señora del bosque salvaje, Gran Amante del mundo,
Gran Danu, doncella de las estrellas y madre de la tierra,
¡Yo te invoco!
Tú eres la amante y la amada. Tú eres el sol y la luna.
Eres la muerte y la vida.
Gran diosa, gran Danu, encantadora doncella, ¡yo te invoco!
Entra en mí, Diosa, y conoce a tu consorte.
Mi cuerpo es tu cuerpo, mi placer es tu placer,
Mi lujuria es tu lujuria.
¡Entra en mí, Diosa, y encuentra a tu amante que te espera!
Entra en mí, Danu, y acepta la semilla del rey sol.
Entra en mí, Danu, y hazme florecer como las flores y los árboles.
Gran diosa, gran Danu, hermosa doncella, madre de la tierra,
¡Yo te invoco!
Gran Danu, yo te invoco. Yo soy tuyo, y tú eres yo.

Oración a la Diosa de la Tierra

Gran Diosa, mi madre, mi amante,
Te rezo a ti.
Déjame abrirme a las bendiciones que vienen.
¡Déjame entregarme al éxtasis!
¡Déjame abrirme al amor!
Como el suelo acepta la semilla,
Como las hojas absorben el sol,
Como la tierra se empapa de lluvia,
Déjame ser como tú, la página vacía,
El fundamento de la palabra viva.
Yo soy la puerta de entrada. Soy el vientre de la creación.
Yo soy la madre, la doncella, la anciana, la tierra, la luna, las
Estrellas y el sol. Yo soy tú, Gran Diosa, y tú lo eres todo.
Me abro a las bendiciones.
Me abro al éxtasis.
Me abro al amor.
Soy la bella amante que espera al amado.
Así como yo te amo, Gran Diosa, ¡también vendrá mi amado!
Gran Diosa, tú eres la clave de la creación.
Tú eres la tierra y la lluvia, los océanos y la oscuridad,
La luna y las estrellas y el sol.
No habría nada sin ti, Gran Diosa,
Ya que abarcas todo lo que puede ser.
¡Tú eres el amante y el amado, la novia y el novio,
La doncella tierra y su amado, el sol!
Gran Diosa, ¡deja que crezcamos y florezcamos
Con una belleza digna de nuestro rey!
¡Tráeme amor!
¡Tráeme éxtasis!
¡Tráeme bendiciones!
Yo y la Diosa lo queremos, ¡y así ha de ser!

Invocación a Flora

Hermosa Flora, preciosa dama,
Tú, cuya belleza es más brillante que las estrellas,
Más brillante que los mares, ¡más gloriosa que la misma luna!
Hermosa Flora, preciosa dama,
Agrádame, abrázame, entra en mí, ¡asómbrame!
¡Que tu espíritu entre en mi corazón!
¡Que tu amor fluya a través de mí!
¡Que tu belleza y tu bendición me abracen!
Tú eres la reina de las flores.
Tú eres la hermosa tierra que florece.
¡Tú eres el brote que se abre paso en el campo plano
Para alcanzar el sol!
Todas las flores de la tierra reflejan tu amor.
Toda la belleza de la tierra no es más que tu canción.
Tú eres la rosa que se abre y se cierra.
Tú eres el amor que es solo suyo.
Hermosa Flora, preciosa dama,
¡Entra en mi corazón!
Soy una flor que espera tu presencia,
Una flor que está lista para florecer.
Entra en mi corazón, hermosa Flora,
Entra en mí, lléname de gracia, ¡asómbrame!
¡Abrázame y hazme florecer!

Oración a Flora

Dama Flora, hermosa, ¡tú que eres amada por todos!
Dama Flora, te pido que me traigas amor.
Déjame ser un espejo de tu belleza y tu encanto.
Que atraiga y seduzca a las personas que deseo,

¡Como las abejas son atraídas por el dulce aroma de la flor!
Dama Flora, hermosa Flora, te lo pido, te lo ruego,
No te dejo otro camino que el de traerme amor.
Si mi amante no me encuentra,
¡Que las rosas se marchiten y se pudran!
¡Que los lirios se sequen por siempre jamás!
Dama Flora, tráeme amor y los jardines florecerán eternamente.
Dama Flora, ¡te doy mi amor! ¡Te doy mi corazón!
¡Te doy mi juramento y mi palabra!
Tráeme mi amor, Dama Flora,
¡Condúcelo a través de ti y hacia mí!
¡Como una abeja a una flor,
Mi amante se sentirá atraído por mí!
Dama Flora, lo deseamos, ¡y así será!

Invocación solar para el crecimiento

Utiliza esta invocación solar para convocar, en un objeto o una planta, una energía propicia para el crecimiento. Por ejemplo, puedes usar la invocación para atraer los poderes del sol a un pincel que piensas usar para pintar una obra maestra, garantizando así un enorme suministro de energía creativa mientras elaboras tu obra de arte. Otra posibilidad es utilizar la invocación para dotar a las plantas de tu jardín de un impulso extra de energía solar que las ayude a crecer.

¡Gran sol, Sol, Ra, el Brillante, el Resplandeciente!
¡Tú eres el gran ojo, tú eres el fuego, tú eres la luz!
Gran sol, te tengo en mi mano.
Te coloco donde me gusta.
Y tú estás aquí, gran sol, gran Ra,
Gran Resplandeciente, gran Brillante.
Ahora estás aquí en el lugar que te coloco,

Ahora estás aquí y brillas con fuerza.
¡Gran sol, Sol, Ra, el Brillante, el Resplandeciente!
¡Tú eres la esperanza! ¡Tú eres el fuego! ¡Tú eres la luz!
Gran sol, gran Sol, ¡te imploro!
Brilla aquí donde te coloque, de día o de noche.

Invocación de Belenos al fuego

Usa esta invocación para llamar al espíritu de Belenos al fuego de Beltane. Si no puedes construir una hoguera o una fogata más pequeña, puedes utilizar esta invocación para convocar a Belenos en la llama de una vela. El tamaño del fuego no importa, ya que el portal al reino de los espíritus se crea como un pinchazo en un globo: una vez que se penetra de cualquier manera la ilusión de separación entre los mundos, ya es suficiente. Belenos puede introducirse en la llama de una vela diminuta con la misma facilidad que brotar de un gran torrente de fuego. Utiliza esta invocación para convocar a Belenos en el fuego de Beltane, y luego comunícate con ese espíritu de la forma que consideres oportuna, tal vez dando las gracias o pidiendo valor, energía, fuerza u otras cualidades que admires. También puedes pedirle a Belenos que te dé respuestas. Piensa en una pregunta de sí o no, y luego observa el comportamiento del fuego de Beltane. Si las llamas se inclinan hacia ti, significa que la respuesta es afirmativa, y si las llamas se alejan de ti, la respuesta es probablemente un no.

¡Belenos, Beal, Bel, Luminoso, tú que eres fuego!
¡Tú que eres el calor! ¡Tú que eres luz!
¡Tú que eres resplandeciente!
¡Entra en esta llama, entra en este fuego!
A ti está dedicado este fuego, Gran Belenos;
Para ti este fuego se convierte ahora en tu hogar.
¡Entra en la llama! ¡Entra en el fuego!

Gran Belenos, ¡debes entrar en él ahora!
¡Entra en la llama! ¡Entra en el fuego!
¡Resplandece sobre nosotros, Belenos!
¡Caliéntanos, Belenos!
¡Haznos fuertes, gran Belenos!
¡Gran Belenos, ven a dar testimonio a través de tu luz!
¡Acompáñanos ahora, gran Belenos!
¡Las llamas son tu cuerpo; nuestros deseos, la madera!
¡Acompáñanos, Belenos, y quema la madera!
¡Entra en el fuego, y quema la madera!
Entra en el fuego; ¡entra en las llamas!
¡Entra en nosotros, Belenos, te llamamos por tu nombre!
¡Beal es el fuego, y este fuego es de Beal!
Este fuego es Beal. ¡Este fuego es Beal!
Acompáñanos, Belenos, ¡ven a la llama!
¡Ven al fuego! ¡Todos conocemos tu nombre!

Oración para la protección de plantas y animales

¡Señor y Señora del bosque salvaje, Señor y Señora de mayo!
¡Rey de los bosques y Reina de los campos!
¡Escuchadme a mí, una criatura, un animal de la tierra!
¡Vuestros hijos tienen problemas!
¡Los zorros, los sabuesos y los lobos!
¡Los caballos y las vacas!
¡Los osos y las ardillas! ¡Los pájaros y los peces!
¡Los humanos y todas las demás bestias vivientes!
¡Gran Madre, Gran Padre, os necesitamos ahora!
¡Proteged a vuestros hijos! ¡Os necesitamos ahora!
Proteged a los animales de los peligros antinaturales.
Protégenos a todos de la crueldad.
Dadnos hábitat, comida, refugio, agua.
Dejad que nos criemos, crezcamos y prosperemos.

¡Guiad nuestras manos, guiad nuestras mentes,
Guiad nuestros corazones para que podamos seguir vivos!
¡Protegednos, Señor y Señora! ¡Proteged a vuestras bestias vivas!
¡Señor y Señora del bosque salvaje!
¡Señor y Señora de mayo!
¡Rey de los bosques y Reina de los campos!
Escuchadme a mí, un humano, ¡un guardián de la tierra!
¡Vuestro jardín tiene problemas!
¡Los árboles, las hierbas, las flores!
¡Los pétalos y las hierbas! ¡Las raíces y las hojas!
¡Las vides y las calabazas!
¡La fruta y todas las semillas!
Gran Madre, Gran Padre, ¡os necesitamos ahora!
¡Proteged a vuestros hijos! ¡Os necesitamos ahora!
Proteged a las plantas de los peligros antinaturales.
Proteged a los árboles y las hierbas del hombre.
Dad a las plantas sol, lluvia, tierra y protección.
Dejad que las plantas vivan, crezcan y prosperen.
¡Guiad nuestras manos, guiad nuestras mentes,
Guiad nuestros corazones para que la tierra pueda seguir viva!
¡Señor y Señora del bosque salvaje, Señor y Señora de mayo!
Os pido con mi corazón y mi mente
Que protejáis a las bestias y a las plantas con abundancia.

Oración a las hadas

Según la creencia celta primitiva, las hadas suelen aparecer más durante las épocas del Samhain y el Beltane. Mientras que las hadas de la tradición celta eran criaturas temibles a las que había que evitar o apaciguar en lugar de entablar amistad con ellas, muchos neopaganos consideran a las hadas como espíritus de la naturaleza generalmente benévolos y a menudo serviciales, a los que se cree que les gusta tanto causar felicidad como hacer travesuras. Si hay mucho estancamiento en tu vida, o sientes que te vendría bien un empujón de suerte extra en una situación particular, podrías plantearte la posibilidad de probar algo de magia de hadas este Beltane. Aquí tienes una oración que puedes utilizar para pedir a las hadas que te ayuden.

¡Dulces hadas, benditas hadas, reinas de la magia y de la noche!
¡Maravillosas hadas, poderosas hadas,
Benditas dueñas de la luz de la luna y del destino!
¡Sed mis aliadas en esta noche,
Y venid a ayudarme en mi difícil situación!
¡Dulces hadas, benditas hadas, reinas de la magia y de la noche!
¡Os invito a las hadas a difundir vuestras travesuras!
¡Haced vuestra magia! ¡Cambiad mi destino!
¡Os pido a vosotros, hadas, que lo hagáis realidad!
¡Que mi deseo se haga realidad antes de que sea demasiado tarde!
¡Dulces hadas! ¡Benditas hadas! ¡Poderosas aliadas en la noche!
Por vuestros caprichos, las vallas rotas;
Por vuestro deseo, las puertas abiertas.
Por vuestra voluntad, el espejo se rompe;
Por vuestra voz, la sierpe se detiene.
Sed mis aliadas, pequeñas hadas,
¡Sed mis aliadas en mi lucha!
¡Sed mis aliados como lo deseo,
Cambiad mi destino esta misma noche!

RITUALES
DE
CELEBRACIÓN

...nnings, birth, renewal, rejuvenation, balance, fertility, chang...

...th, vernal equinox, sun enters Aries, Libra in the Sou...

...n Man, Amalthea, Aphrodite, Blodeuwedd, Eostre, Eo...

...lora, Freya, Gaia, Guinevere, Persephone, Libera, M...

...t, Umaj, Vila, Aengus MacOg, Cernunnos, Herma, The...

..., Mabon Osiris, Pan, Thor, abundance, growth, health, ca...

...aling, patience understanding virtue, spring, honor, contentm...

...abilities, spiritual truth, intuition, receptivity, love, inner se...

...ement, spiritual awareness, purification, childhood, innocence,...

...creativity, communication, concentration, divination, harmon...

...ties, prosperity, attraction, blessings, happiness, luck, money,...

...udance, visions, insight, family, wishes, celebrating life cyc...

...ship, courage, attracts love, honesty, good health, emotions,...

...rovement, influence, motivation, peace, rebirth, self preservat...

...e power, freedom, optimism, new beginnings, vernal equinox...

...tion, sun, apple blossom, columbine, crocus, daffodil, daisy,...

...honeysuckle, jasmine, jonquil, lilac, narcissus, orange blossom,...

..., rose, the fool, the magician, the priestess, justice, the star...

...thering, growth, abundance, eggs, seeds, honey, dill, asparag...

El Beltane es un tiempo de fertilidad, un tiempo de unión, un tiempo de manifestación, un tiempo de amor. Es un gran momento para los rituales llenos de diversión, gratitud, creatividad y pasión. En este capítulo encontrarás varios rituales especialmente diseñados para ayudarte a conectar con estas poderosas energías y aprovechar al máximo su maravilloso potencial mágico.

Los rituales se diferencian de los hechizos en que suelen ser, aunque no siempre, más complejos, más profundos, más largos de realizar y con efectos más duraderos. Los rituales suelen implicar la comunicación directa y el contacto con entidades espirituales superiores, ya sean fuerzas elementales, deidades o diversas formas divinas, mientras que un hechizo puede o no incorporar tales poderes. Mientras que un ritual puede ciertamente incluir elementos de magia y hechizos (los que se mencionan a continuación lo hacen), hay también un propósito espiritual, un valor que se encuentra únicamente en la experiencia del ritual, completamente independiente del resultado. En contraste, los hechizos siempre tienen un propósito mágico, y pueden o no incluir un propósito espiritual.

A continuación, encontrarás un ritual diseñado para la práctica en solitario, un ritual para hacer en pareja, un ritual para hacer con un grupo más grande, y un miniritual muy rápido que puedes hacer cuando solo tienes unos momentos libres. Todos los rituales descritos se pueden adaptar con seguridad, así que siéntete libre de añadir elementos a ellos y de ajustarlos para que tu experiencia ritual refleje tu propia singularidad como ser mágico y espiritual.

Ritual de crecimiento de Beltane
para la práctica en solitario

Este ritual pretende honrar el crecimiento, tanto de las cosas que crecen de la tierra como del alma en constante evolución dentro del practicante individual de magia. Aunque está especialmente diseñado para su uso en solitario, el formato del ritual aquí descrito puede adaptarse fácilmente a la práctica en grupo. Si tienes amigos que se unan a ti para el rito, simplemente hacedlo todo al unísono, o turnaos para encargaros de diferentes partes del ritual de acuerdo a vuestras aptitudes e intereses. No dudes en adaptar y mejorar estos procedimientos rituales básicos para que se ajusten mejor a tus creencias y preferencias personales.

Propósito:

Sintonizar con las mareas de la naturaleza. Lograr una comprensión más profunda del proceso de crecimiento tal y como ocurre en la naturaleza y en uno mismo. Expresar gratitud por el crecimiento de la vegetación que nos sustenta. Contemplar y «hacer balance» del crecimiento personal. Iniciar y manifestar oportunidades para un crecimiento personal aún mayor.

Entorno:

Exterior, por la mañana.

Suministros:

- dos velitas de té o velas cónicas con portavelas: a poder ser una dorada o amarilla, y otra plateada o blanca,
- plantas, hierbas y flores frescas de tu región, con las raíces unidas,
- un tazón grande de agua,
- dos hojas de papel y un bolígrafo,

- un pequeño cuadrado de tela verde y un trozo de cordel dorado o amarillo.

Preparaciones previas al ritual:

Date un baño o una ducha para ayudar a limpiar las impurezas físicas y psíquicas. Imagina que cualquier negatividad o estancamiento fluye fuera de ti y dentro del agua mientras esta te lava. Si quieres, añade un puñado de sal marina al agua del baño para ayudarte a sintonizar con las energías solares. Si te duchas, prueba a frotarte la piel con azúcar o avena para eliminar las vibraciones no deseadas y conectar con los temas de dulzura y abundancia del Beltane.

Puedes vestirte con ropa azul cielo, quedarte sin ropa alguna, o vestirte con algo que consideres adecuado para un ritual de crecimiento. Los tejidos naturales en tonos verdes serían una excelente elección. Lo ideal es que te pongas algo cómodo que te ayude a sentirte natural, fuerte y terrenal. Para aumentar el poder mágico, ponte accesorios de oro o cobre, ambos en sintonía con las energías solares.

Haz una lista de logros, señalando todas las formas en las que has crecido como persona durante el año pasado. Haz otra lista con los nuevos objetivos de crecimiento personal que te gustaría alcanzar esta temporada.

Coloca el cuenco de agua encima de la lista de logros pasados. Dispón las velas a ambos lados del cuenco, la vela dorada o amarilla a la derecha y la vela blanca o plateada a la izquierda. Coloca las plantas frescas delante del cuenco, encima de la lista de nuevos objetivos de crecimiento personal.

El ritual:

Siéntate y coloca las palmas de las manos en el suelo. Respira profundamente varias veces hasta que te sientas tranquilo y centrado. A continuación, extiende esta sensación de calma más allá de los límites de tu cuerpo físico, de modo que abarque y encierre todo el espacio ritual. Ponte de pie y camina en círculos en el sentido de las agujas del reloj alrededor del espacio, mientras proyectas una energía ligera y amorosa a través del pecho, las palmas planas, los ojos o la punta de la varita. Si tienes problemas para sentirla, puede ayudarte pensar en algo o en alguien a quien ames profundamente, y luego dejar que esa emoción irradie hacia fuera, iluminando el área del ritual con una luz blanca y brillante. Otra idea es caminar por el espacio mientras haces sonar una campana, que actúa como un método rápido y bastante infalible para limpiar y alejar las energías negativas y rancias y, al mismo tiempo, invitar a la energía positiva y fresca. El área que te rodea está ahora llena de una vibración pacífica, y ya estás listo para profundizar en el corazón del ritual.

Mira a tu alrededor. Observa las plantas, cuyo crecimiento depende de la interacción de la tierra, el sol y la lluvia. Toca el suelo, acariciando las plantas vivas que brotan de la tierra debajo de ti. ¿Sientes la poderosa energía de la tierra, que vibra con la vida y la creación, que palpita como un latido, que late con amor y con indiferencia?

Deja que esta energía entre en ti, tirando literalmente de ella hacia tu cuerpo a través del punto de contacto entre tus manos y la tierra viva. Esto puede parecer una simplificación excesiva, pero no lo es. Tienes la capacidad de mover y dirigir la energía mediante la aplicación consciente de tu voluntad e intencionalidad.

Piensa en lo que quieres que ocurra desde el punto de vista energético y deja que tus sentimientos te guíen, notando cómo responde tu cuerpo a lo largo del proceso. Si estás moviendo o dirigiendo energía hacia tu cuerpo o a través de él, suele haber una sensación física que lo acompaña. Puede que sientas la energía que se mueve por tu cuerpo como un sutil cosquilleo, como una fuerte y repentina sacudida, un «calambrazo» o un estremecimiento, como una sensación de pesadez o ligereza, o como una sensación de calor o frío.

Las sensaciones varían según el individuo, pero ciertas energías parecen tener características sobresalientes que muchos de nosotros experimentamos de manera muy similar. En este ritual, por ejemplo, es probable que la energía de la tierra que estás invocando en tu cuerpo te provoque una sensación cálida, fuerte y vibrante. Cuando empieces a sentirla, deja que se apodere de ti, permitiendo que reine sobre tu cuerpo y tus emociones hasta que desaparezca cualquier sensación de ego. Si quieres, frota un poco de tierra en tu piel o toca tu cuerpo con plantas o flores verdes para aumentar la sensación. Ahora has invocado el elemento tierra, cuyos poderes te llenan por completo y fluyen a través de ti libremente.

A continuación, dirige tu atención al cuenco de agua. Piensa en los ríos, los océanos, los lagos, los mares, y piensa en la lluvia que los llena. Piensa en el agua que hay bajo la tierra, sobre la tierra y dentro de la tierra. Bebe del cuenco, imaginando el agua como el flujo de un río o las gotas de una lluvia fresca. Observa cómo se siente tu cuerpo cuando el agua se mueve a través de ti, saciando la sed y alimentando la transformación. Invita a esta energía a permanecer en tu interior durante el transcurso del ritual. Después de invocar la tierra y el agua, imagínate como la tierra húmeda, mojada y oscura, y cálida como el vientre materno.

Recoge las plantas frescas que has colocado encima de la lista de nuevos objetivos que te gustaría alcanzar. Lee la lista mientras acunas las plantas suavemente con las manos abiertas. Piensa en estas plantas como si fueran las mismas esperanzas y los sueños que se han esbozado en la lista de objetivos, y siente la emoción de esos deseos. Deja que esa energía se derrame en las plantas, cargándolas con un sentimiento de amor y llenándolas también con los poderes de la tierra y el agua que debe seguir corriendo libremente por todo su cuerpo. Coloca las plantas en el agua y recita:

Estos son los sueños de (inserta tu nombre completo),
Un hijo de la tierra, la luna, el sol y el mar.

Enciende la vela plateada o blanca, representante de la luna. Sostén la vela sobre el cuenco y piensa que la atracción gravitatoria de la luna mueve literalmente los océanos, manifestando y dirigiendo las mareas del agua que cubre más del 70 % de la superficie de nuestro planeta. Piensa en cómo las mareas afectan al clima, y cómo el clima afecta a su vez a la vida de las plantas y los animales de la Tierra. Piensa también en el hecho de que tu cuerpo está compuesto en más de un 50 % por agua, y en cómo, al igual que los mares, la luna también influye en nuestras mareas emocionales internas. Deja que la idea de tu dependencia hacia la luna cale en ti, y después permite que tus sentimientos de gratitud fluyan hacia la llama de la vela y hacia el agua que hay debajo. Piensa en tu lista de logros pasados que se encuentra debajo del cuenco de agua, y piensa en los nuevos sueños que quieres alcanzar, representados por las plantas que has colocado en el cuenco. Con la mano que no sostiene la vela, haz girar el agua del cuenco en el sentido de las agujas del reloj mientras recitas:

Gran luna, así como mueves el mar, ¡muéveme también a mí!

Observa cómo las plantas se arremolinan en el agua y visualiza cómo se manifiestan tus objetivos, cómo las mareas giran a tu favor gracias a la ayuda de la luna.

Devuelve la vela a su lugar en el lado izquierdo del cuenco.

A continuación, enciende la vela dorada o amarilla, que representa el sol. Sujeta la vela en dirección al sol y piensa que la luz del astro rey entra en la llama de la vela, añadiendo energía solar a su ya brillante y ardiente poder. Camina en el sentido de las agujas del reloj alrededor del espacio ritual, observando cómo las plantas vivas que brotan del suelo parecen palpitar con la misma carga solar que ahora está fusionada con la llama de la vela. Invita a que esa carga solar fluya también hacia ti. Deja que la llama de la vela atraiga la luz del sol, y luego dirige la energía hacia abajo a través de la cera y hacia tu cuerpo. Mientras caminas alrededor del círculo, visualiza las plantas que te rodean creciendo, alimentadas por la luz del sol, la tierra y el agua. Detente frente al cuenco de agua y mantén la vela en alto sobre él.

Imagínate creciendo y siente los procesos celulares y moleculares que tienen lugar en tu cuerpo, tan dependiente de la luz solar, la tierra y el agua como la vegetación que te rodea. Piensa en el proceso de fotosíntesis que ocurre en las partes verdes de las plantas, un proceso en el que la luz solar pura se transforma en nutrientes que alimentan el crecimiento de la planta. Mira ahora las plantas que flotan en el cuenco de agua que tienes delante. Siente la energía solar que aún late en tu cuerpo, cálida y brillante, ardiente y fuerte. Pide al propio sol que te ayude a alimentar tus sueños, y entonces dirige toda esa energía solar amplificada que ahora fluye a través de ti y de la vela para que entre en las plantas del cuenco. Mientras lo haces, imagínate a ti mismo creciendo hasta los tres metros de altura, un próspero gigante que irradia salud, vigor y éxito, como un poderoso árbol que juega a ser el rey del bosque. Recita:

Gran sol, combustible y energía de la Tierra,
Cárgame ahora, ¡da a luz a mis sueños futuros!

Vuelve a colocar la vela en su lugar, a la derecha de la pila. Permite que las dos velas se consuman por completo y deja el barreño con las plantas en el exterior durante toda la noche. Coloca la lista de los nuevos objetivos en un lugar soleado de tu casa. La lista de logros pasados puedes conservarla con fines sentimentales o desecharla; su función mágica ya ha terminado. A la mañana siguiente, saca las plantas del cuenco y ponlas a secar al sol. Vierte el agua sobre la tierra. Una vez que las plantas estén secas, átalas en el pequeño trozo de tela (preferiblemente verde para simbolizar el crecimiento), y ata el manojo con el trozo de hilo dorado o amarillo, coloreado en sintonía con las poderosas vibraciones solares. Coloca el fardo encima de la lista de nuevos objetivos que debe estar en algún lugar de tu casa en un sitio soleado. Una vez completado el rito, deberías sentirte muy en sintonía con el flujo energético del Beltane, y tu proceso interno de crecimiento personal y espiritual se verá muy acelerado, al menos de forma temporal. ¡Aprovéchalo al máximo!

Ritual de unión de manos de Beltane
para una relación duradera

Este ritual de unión de manos de Beltane está diseñado para crear una unión duradera y forjar un lazo marital cooperativo, feliz y amoroso entre dos personas. Con el concepto de la unión sagrada como marco de trabajo, este ritual de unión de manos es conmovedor y poderoso, y ofrece una alternativa pagana significativa a las ceremonias matrimoniales más convencionales.

Propósito:

Este ritual está diseñado para unir a dos personas con los lazos del matrimonio. Un ritual de unión de manos es un tipo de magia vinculante que une las energías espirituales de los dos individuos para que se cree una nueva unión y se establezcan y fortifiquen los límites y limitaciones de esa unión.

Entorno:

Por la noche, a poder ser al aire libre.

Suministros:

- una vela roja, para simbolizar tanto el amor como el elemento fuego,
- un vaso de agua con hielo, a poder ser en un vaso transparente, azul o plateado.

Preparaciones previas al ritual:

Tendrás que decidir qué papel desempeñará cada participante en el rito. Este ritual tiene dos papeles protagonistas: el del fuego y el del agua. Deja que las preferencias personales guíen tu elección, o considera la posibilidad de que la persona con la personalidad más masculina, dominante o activa desempeñe el papel del fuego, mientras que la persona con la personalidad más femenina, o más suave, desempeñe el papel del agua.

Vestirse de color celeste o ponerse un atuendo ritual especial puede enriquecer la experiencia y potenciar la magia. La persona que interpreta el papel del fuego puede llevar ropas rojas o naranjas para simbolizar la llama, doradas o amarillas en honor al sol, o blancas para representar la luz pura. La persona que interpreta el papel del agua puede llevar telas traslúcidas o ropa en tonos azules para simbolizar el agua, o puede elegir ropa plateada para rendir homenaje a la luna. El negro intenso es otra opción adecuada, ya que representa la oscuridad de las aguas profundas, la oscuridad bajo la tierra donde comienzan a crecer las semillas, y la oscuridad del vientre cósmico del que todos emergemos.

Si consigues encontrar un entorno natural tranquilo en el que realizar el ritual, el espacio necesitará muy poca preparación. Asegúrate de que la zona está libre de residuos y de que es un espacio en el que os vayáis a sentir seguros y cómodos. Si vais a realizar el ritual en el interior, elige un lugar limpio y despejado. Si la zona que has elegido tiene una sensación negativa o estancada, puedes hacer una limpieza general del espacio antes de empezar el ritual. Un método fácil para limpiar un área de energía indeseable o estancada es barrer el espacio con una escoba. Comienza en el centro del área del ritual y barre hacia los bordes, moviéndote en una espiral hacia fuera, en sentido contrario a las agujas del reloj, mientras visualizas que cualquier energía estancada o negativa se disipa y se dispersa. Si lo deseas, también puedes trazar un círculo mágico básico, o simplemente encender un poco de incienso y algunas velas adicionales para mejorar el ambiente mágico del espacio ritual. Si quieres, potencia el espacio con flores frescas.

El ritual:

Empezad por poneros frente a frente, la persona que actúa como fuego sosteniendo la vela y la que actúa como agua sosteniendo el vaso. El fuego enciende la vela, imaginando que la luz del sol y la llama irradian desde el centro de su cuerpo mientras lo hace, disolviendo todo rastro de ego. El fuego deberá recitar:

Soy el Fuego. Soy el Sol.
Soy el calor, la luz, la semilla y la voluntad.
Soy (inserta tu nombre completo).

El agua toma un sorbo del vaso, imaginando que los ríos, los océanos y las lluvias fluyen por su garganta y se integran en su ser mientras traga, dejando que la vibración energética del agua domine la personalidad. El agua deberá recitar:

Soy el Agua. Soy la Luna.
Soy la sangre, el alimento, el vientre y la intención.
Soy (inserta tu nombre completo).

La persona que desempeña el papel del agua se convierte en el vientre cósmico, mientras que la persona que desempeña el papel del fuego se convierte en la semilla fecundante, una combinación de la que surgirá la nueva creación, la nueva asociación cooperativa entre el ánima y el ánimus. Esta es la unión sagrada, la magia de las polaridades entremezcladas que dan lugar a la creación y a la manifestación.

Imagina que tú mismo eres lo que estás representando: dilo, abre tu corazón y tu cuerpo a ello, e invita a esas energías a fluir a través de ti. Sé un recipiente para lo que sea que estés simbolizado y, si aún no lo has hecho, intenta por un momento olvidar todo lo que eres en tu vida diaria. Eres el fuego. Eres el agua. Eres el vientre. Eres la semilla. Eres el yin. Eres el yang. Sea lo que sea, no te limites a pensar en ello, tienes que serlo en la mayor medida que puedas. Puede parecer difícil, pero en realidad no es tan complicado. Al vaciar tu identidad y tu ego (¡que es la parte difícil!), te conviertes en un recipiente abierto para cualquier energía que desees «albergar» temporalmente en tu cuerpo. Este es el proceso que se conoce como invocación, es decir, invocar o acoger en tu propio cuerpo al espíritu, entidad o energía que has invitado a visitar.

Una vez que tanto tú como tu pareja de ritual estéis totalmente «en la zona», metidos en el personaje de vuestros respectivos papeles y sin que os estorben los pensamientos y sentimientos mundanos, miraos a los ojos y elevad la energía. Pensad en el resultado concreto que esperáis conseguir con el ritual, el objetivo principal y el propósito que esperáis manifestar. Sentid las emociones de esa realidad, cómo sería y cómo os sentiríais teniendo una relación exitosa y duradera. Mientras miráis a vuestra pareja a los ojos, dejad que las emociones que sentís fluyan de un lado a otro, aumentando con cada «pase» hasta que sintáis que la energía se encuentra en su máxima vibración.

En este punto, la persona que interpreta el papel del Agua se abre por completo, visualizando un campo fértil, un vientre y la oscuridad primordial listos para acoger la chispa de la vida. La persona que interpreta el papel del Fuego debe seguir concentrándose en el objetivo del ritual (crear un vínculo amoroso permanente) y, cuando la visión y el sentimiento de amor y unidad están claros en la mente y el corazón, toda la energía que tiene dentro se envía al cuerpo y al espíritu de la persona que interpreta el papel del agua. Imagínate que el poder mágico que has elevado a través de la emoción y la visualización fluye desde tus ojos hasta los ojos de tu pareja. La persona que hace el papel del agua debería sentir esta acción si lo haces bien. Debería sentirse como una poderosa ráfaga de energía cargada de emoción.

Una vez que la energía ha sido recibida por la persona que

interpreta el papel del agua, intercambiad los objetos que sostenéis, pasando el vaso de agua al Fuego y dando la vela al Agua. Ambos ritualistas tendrán que recitar:

Por nuestros poderes combinados, por la luna y por el sol,
Por el agua y por el fuego, ¡conseguiremos lo que deseamos!

El fuego toma un sorbo de agua. A continuación, el vaso y la vela se colocan uno al lado del otro en el altar. La pareja une las manos sobre el altar, mirándose fijamente a los ojos mientras repiten al unísono nueve veces:

Estamos atados juntos, ¡unidos para siempre!

Mientras dicen esto, los ritualistas deben visualizar unas cuerdas de luz dorada, hechas de puro amor, que rodean sus muñecas y entrelazan sus manos.

Los miembros de la pareja tendrán que darse un beso apasionado y lleno de amor. A continuación, el agua saca el cubito de hielo del vaso y lo sostiene sobre la llama de la vela, hasta derretir el hielo y apagar la vela.

Cogidos de la mano una vez más, la pareja recita al unísono:

¡Nuestro amor permanece a través de la oscuridad y la luz!
¡Que el amor nos transforme, día y noche!

Los miembros de la pareja comparten otro beso y el ritual de la unión de manos queda completado.

Ritual de grupo de Beltane para el amor

Con las energías fértiles desbocadas, el amor está, en este momento del año, esperando a que lo alcancemos y lo atrapemos.

¿Por qué no aprovechar la oportunidad con un ritual centrado en el amor y el romance?

Este ritual de Beltane para grupos está diseñado para ayudar a todos los participantes a atraer, expresar y manifestar más amor en sus vidas mientras se sintonizan con las energías fértiles y creativas del día. Es más poderoso cuando se trabaja con grupos grandes de siete o más personas, pero lo pueden llevar a cabo grupos tan pequeños como de cuatro participantes.

Propósito:

Este ritual ayudará a los participantes a mejorar su capacidad de atraer, expresar y manifestar el amor. También ayudará a los ritualistas a conectar con el espíritu romántico y despreocupado de Beltane, y puede ser útil para aumentar la energía creativa y obtener nueva inspiración.

Entorno:

De noche, preferiblemente al aire libre, a poder ser en una zona boscosa o en algún lugar cercano a una masa de agua y, si es posible, en un lugar donde se pueda hacer una pequeña hoguera.

Suministros:

- velas, una para cada participante más otra adicional, y un portavelas para cada una de ellas. Cualquier color de velas es apropiado, pero el rojo o el rosa son los mejores ya que están en sintonía con las vibraciones amorosas y románticas,
- aceite de jazmín, aceite de rosa o aceite de pachuli (utiliza aceites esenciales puros y naturales, no sintéticos),
- pequeñas hojas de papel y bolígrafos de tinta azul, suficientes para que todos tengan un bolígrafo y varias hojas de papel,
- dos copas, llenas de agua hasta la mitad,
- dos varitas,
- una campana.

Preparaciones previas al ritual:

Vestíos con ropa que os haga sentir sensuales o atractivos. Los tonos de blanco, rosa, rojo o verde son especialmente adecuados. Encended una pequeña hoguera si es posible. Si no, colocad la vela adicional en el centro del espacio ritual. A su alrededor, colocad los portavelas formando un círculo. Junto a la hoguera o a la vela central, colocad las dos copas, las dos varitas, la campana, los trozos de papel, los bolígrafos y el aceite esencial. Entrega una vela a cada participante y después elige a una persona para que dirija el ritual. También necesitarás tres voluntarios más para ayudar en la invocación de poderes que tiene lugar cerca del comienzo del ritual.

El ritual:

Haz que todos se coloquen en círculo y que la persona elegida como líder del ritual camine alrededor del círculo haciendo sonar la campana. Mientras lo hace, los participantes deben concentrarse en el sonido de la campana, imaginando que el espacio se limpia de cualquier negatividad. A continuación, el líder del ritual debe dar una segunda vuelta al círculo haciendo sonar la campana, esta vez con la intención de infundir en la zona una vibración positiva. Los participantes en el ritual pueden ayudar en este proceso conjurando en sus corazones un sentimiento feliz y amoroso y proyectándolo hacia el exterior, al espacio del ritual.

A continuación, el líder del ritual y los tres voluntarios antes seleccionados deben coger cada uno una copa o una varita y acercarse al centro del círculo, donde los demás participantes puedan ver lo que ocurre. Las varitas se levantan en el aire y los participantes en el ritual se centran en atraer hacia ellas una energía masculina activa y asertiva. Si se desea, en este momento se puede invocar a deidades o formas de dioses específicos, como Cernunnos, Pan, el Dios Cornudo o Belenos, invitándoles directamente a entrar en el círculo a través de las puntas de las dos varitas levantadas. Las dos personas con las varitas las hacen tocarse entre sí, formando una X, y luego cambian de posición de modo que la varita que estaba en la parte de atrás está ahora delante, formando de nuevo una X. Ambos tienen que recitar:

¡De cetro a cetro, acogemos las energías del Gran Dios,
El principio activo, la semilla, el Animus!
¡Entra aquí ahora! ¡Únete a nosotros aquí y ahora!

A continuación, las dos personas que sostienen las copas ocupan el centro del espacio. Las copas se elevan en el aire y los ritualistas se concentran en atraer hacia las copas una energía más pasiva, nutritiva y femenina. Si se desea, se puede invocar a deidades o formas de diosa específicas, como Anu, Brighid, Flora, Freya o la Diosa Doncella, tan solo hay que pedirles que entren en el espacio ritual, entrando primero en el agua de las dos copas.

Las dos personas que sostienen las copas se turnan para verter un poço de agua en la copa de la otra persona. Recitan:

¡De copa a copa,
Damos la bienvenida a las energías de la Gran Diosa,
El principio sutil, la criadora, el vientre, el Ánima!
¡Entra aquí ahora! ¡Únete a nosotros aquí y ahora!

A continuación, las dos personas con las varitas se acercan y sumergen las varitas en las copas, una en cada una. Una de las varitas se mueve en el sentido de las agujas del reloj, mientras que la otra se mueve en sentido contrario, haciendo girar el agua de las copas. El líder del ritual y los tres voluntarios dicen al unísono:

De cetro a copa,
Reconocemos el carácter sagrado de toda la creación;
¡Acogemos el amor y la luz
En todas sus múltiples y variadas formas!

Entonces, los voluntarios vuelven a su lugar original en el círculo.

A continuación, el líder del ritual coge el aceite esencial y recorre el círculo, ungiendo a los participantes en las palmas de las manos, las muñecas, el pecho y la frente. Mientras lo hace, los participantes deben visualizar la vibración amorosa del aceite filtrándose en el cuerpo de los ungidos, llenándolos de una belleza resplandeciente y haciendo que irradien amor. El líder del ritual puede potenciar los efectos del aceite añadiendo a la mezcla su propio poder. Tiene que conjurar un sentimiento de amor en el corazón y, cuando la emoción está en su punto álgido, la dirige al cuerpo del participante mediante una aplicación directa de visualización, voluntad e intencionalidad. Mientras el líder del ritual unge a los participantes y llena a cada uno de ellos con un sentimiento de amor y belleza radiante, le dice a cada persona:

Tú eres el amor. Eres hermoso, y eres amado. Tú eres el amor.

Una vez que todos han sido ungidos, la última persona del círculo debe ungir al líder del ritual. A continuación, el líder del ritual puede volver a colocar el aceite cerca de la vela central o de la hoguera. El líder del ritual da tres vueltas alrededor de la vela central o de la hoguera, imaginando que la energía amorosa que ahora se arremolina en el espacio se hace más brillante, más poderosa y se magnifica. A continuación, se detiene, coloca las manos (¡con cuidado!) por encima de la llama, y recita:

¡Mediante el Gran Fuego de Beal,
Potenciamos nuestro deseo con el poder de la creación,
Con el poder de inspirar!
Por los poderes que hay aquí,
¡Manifestamos todo lo que vemos!
¡Nuestra luz atrae el amor y nuestro amor atrae la luz!
¡Conseguiremos justo lo que deseamos esta noche!

El líder del ritual toca suavemente a uno de los participantes para indicarle que se dirija al centro del círculo, donde la vela central o la hoguera arden con fuerza. Entonces, ese participante enciende con cuidado su propia vela a partir del fuego central, se gira hacia el círculo y permanece en su sitio. A continuación, el participante centra su mente y sus emociones en sus objetivos personales de creación y/o en sus deseos de amor y romance. Los demás participantes, incluido el líder del ritual que ha ocupado un lugar en el círculo, observan al ritualista de pie en el centro. Los participantes se fijan en los rasgos admirables, agradables o atractivos de la persona, y los gritan a medida que les llega la inspiración. Por ejemplo, los participantes pueden decir cosas elogiosas o de apoyo como «Tienes unos ojos y unas piernas preciosos», o «Eres digno de ser amado», o «Eres hermoso por dentro y por fuera». Tan solo aseguraos de que las afirmaciones proceden de un lugar de compasión y sinceridad. La mayoría de la gente no se deja engañar por la adulación vacía, y después de todo, hay magia en juego, así que tiene que haber autenticidad y sinceridad.

A la señal del líder del ritual, los participantes extienden las manos con las palmas abiertas hacia el ritualista, que sostiene su vela en el centro del círculo. Los participantes conjuran un sentimiento de amor en sus corazones y mentes, dejando que irradie por todo el cuerpo y luego salga a través de las manos y vaya directamente hacia el ritualista en el centro. Si alguno de los ritualistas no está familiarizado con el concepto y la práctica de dirigir la energía, la visualización puede ser de gran ayuda. Hay que imaginar la energía que estás dirigiendo como una luz brillante y tintada, y cargar esa luz con toda la emoción que puedas reunir.

Una vez que los participantes han llenado al ritualista del centro con esta pizca extra de «poder del amor», esa persona coloca su vela en uno de los portavelas del centro y vuelve a su lugar en el círculo. A continuación, un nuevo ritualista ocupa su lugar cerca de la vela central o la hoguera, enciende su propia vela a partir de esa llama central y repite el proceso de visualizar los objetivos creativos personales o los deseos románticos, recibir los elogios y los cumplidos de la multitud, recibir la energía amorosa del resto del grupo, colocar su vela en uno de los portavelas y volver al círculo para que otro ritualista pueda tener su turno en el centro. Repetid todo el proceso con todos los participantes, incluido el líder del ritual.

Cuando todo el mundo haya terminado junto al fuego, todos los participantes deben permanecer en el círculo, con las manos unidas. Se envía un sentimiento de amor alrededor del círculo, proyectado de mano en mano, comenzando y terminando con el líder del ritual. Si queréis, podéis enviar la energía amorosa alrededor del círculo con un beso en lugar de cogidos de la mano: basta con pasar un beso alrededor del círculo de mejilla a mejilla, o si sois más aventureros, de labios a labios.

Una vez que la energía amorosa se haya elevado de forma satisfactoria, es el momento de dar el siguiente paso. A la señal del líder del ritual, todo el mundo extiende sus manos hacia el fuego central, con las palmas abiertas, proyectando de nuevo esa energía amorosa, esta vez enviándola a las llamas. Mientras esto sucede, el líder del ritual recita, enviando con las palabras un impulso final de energía amorosa e intencionalidad mágica:

Por el amor, por el fuego, por vosotros,
Por mí, por el Dios, por la Diosa,
¡Lo que deseamos, así será!

Una vez completado el núcleo del ritual, pasad un rato socializando con vuestros compañeros de ritual, hablando abiertamente de vuestros sentimientos y deseos románticos y compartiendo ideas y aspiraciones creativas. Utilizad el papel y los bolígrafos que hay en el centro del círculo para escribir notas cortas para los demás, quizás ofreciendo cumplidos y/o invitaciones para una aventura romántica. Las velas y/o la hoguera pueden apagarse ahora o, si os vais a quedar allí durante un tiempo, podéis dejar que se consuman solas. Se espera que el amor y la creatividad florezcan notablemente en las vidas de todos los participantes, comenzando inmediatamente después de la conclusión del ritual y continuando durante varias semanas o más, dependiendo de la fuerza del ritual y del esfuerzo del participante por aprovechar al máximo los efectos del ritual.

Minirritual rápido de Beltane de vigor y juventud para grupos, parejas o practicantes en solitario

He aquí un ritual de Beltane que puedes realizar cuando tan solo te sobren unos minutos. Te pondrá rápidamente en contacto con el flujo de energía fértil y creativa de Beltane, infundiéndote un nuevo vigor y renovando las capacidades juveniles de autocuración y regeneración. Este ritual puede realizarse en solitario, en pareja o con todos los amigos que puedas reunir. Solo te llevará unos minutos desde el principio hasta el final.

Propósito:

El propósito de este ritual es renovar la juventud y restaurar el vigor, sintonizando con la corriente energética del Beltane de fertilidad, crecimiento y creación.

Entorno:

De día, preferiblemente a primera hora de la mañana, cuando el suelo aún está húmedo por el rocío, en un lugar al aire libre donde el suelo esté blando y cubierto de vegetación.

Suministros:

Ninguno.

Preparaciones previas al ritual:

¡Ponte algo con lo que no te importe revolcarte por el suelo!

El ritual:

Siéntate o túmbate en el suelo, estableciendo el mayor contacto posible entre tu piel y la tierra. Acaricia la vegetación con las manos, tocando las hojas o las briznas de hierba lenta y suavemente. Deja que la vegetación se deslice entre tus dedos y siente cómo las energías de las plantas fluyen hacia ti mientras lo haces. Si hay rocío en el suelo, recógelo en las palmas de las manos y frótate la cara con el rocío, ungiendo las mejillas, los labios, la frente, la barbilla y la zona que rodea los ojos. Frótate también un poco de rocío entre las manos. Si empiezas demasiado tarde para que haya rocío, sustitúyelo por un poco de vegetación, seleccionando una hoja o flor de aspecto especialmente saludable con la que acariciar tu cara y tus manos. Tanto si se trata de rocío como si es vegetación, visualiza una energía vigorosa y próspera que fluye por tu cuerpo cuando toca tu piel. Recita:

Como las plantas de la tierra,
Como el fresco rocío de la mañana,
¡Estoy sano y creciendo, joven y renovado!

El ritual ha concluido. Poco después deberías experimentar una sensación de renovación y energía. Los efectos deberían durar toda la temporada de crecimiento, ayudando a mejorar y mantener la salud, a incrementar los niveles de energía y a fortalecer la sensación de juventud y vigor.

CORRESPONDENCIAS PARA EL BELTANE

...nways, birth, renewal, rejuvenation, balance, fertility, chang...

...gth, vernal equinox, sun enters Aries, Libra on the Sou...

...een Man, Amalthea, Aphrodite, Blodeuwedd, Eostre, E...

...Flora, Freya, Gaia, Guinevere, Persephone, Libera, A...

...t, Umaj, Vila, Aengus Mac Og, Cernunnos, Herma, The...

...e, Mabon Osiris, Pan, Thor, abundance, growth, health, ca...

...ealing, patience understanding virtue, spring, honor, contentm...

...abilities, spiritual truth, intuition, receptivity, love, inner se...

...ement, spiritual awareness, purification, childhood, innocence...

...creativity, communication, concentration, divination, harmo...

...ties, prosperity, attraction, blessings, happiness, luck, money...

...uidance, visions, insight, family, wishes, celebrating life cyc...

...ship, courage, attracts love, honesty, good health, emotions...

...provement, influence, motivation, peace, rebirth, self preserva...

...ne power, freedom, optimism, new beginnings, vernal equinox...

...tion, sun, apple blossom, columbine, crocus, daffodil, daisy...

...honeysuckle, jasmine, jonquil, lilac, narcissus, orange blossom...

...e, rose, the fool, the magician, the priestess, justice, the sta...

...athering, growth, abundance, eggs, seeds, honey, dill, aspara...

Concentración espiritual y palabras clave:

Abundancia
Amor
Creación
Crecimiento
Fertilidad
Habilidad psíquica
Purificación
Sexualidad
Unión

Concentración mágica

Abundancia
Amor
Cooperación
Crecimiento
Fertilidad
Manifestación
Pasión
Protección
Purificación
Unión

Acciones sugeridas

Caminar alrededor de los límites de tu propiedad
Hacer hogueras sagradas

Hacer ofrendas
Proteger plantas, animales, personas y posesiones
Trabajar con las hadas
Uniones de manos
Visitar pozos sagrados

Momentos astrológicos y planetas asociados

Punto medio astronómico entre el equinoccio de primavera y el solsticio de verano; sol a 15 grados de la constelación de Tauro en el hemisferio norte, sol a 15 grados de la constelación de Escorpio en el hemisferio sur. Algunos paganos celebran el Beltane en la fecha astronómica, mientras que otros se ciñen al 1 de mayo por tradición. Otros esperan pistas visibles en la naturaleza. Cuando el espino florece, es una señal de que el Beltane ha llegado oficialmente.

Arquetipos

FEMENINOS
La Amante preparándose para acostarse con su amado
Diosa de la Tierra
Diosa Doncella
Diosa Madre
Diosas asociadas con el agua, las plantas o los animales

MASCULINOS
Dios Cornudo
Dioses del sol
Dioses que mueren y resucitan
Dioses asociados con el fuego, las plantas o los animales
El Hombre Verde
El joven dios lujurioso que se prepara para fecundar a la diosa de la tierra con su simiente
El Señor del bosque salvaje

Deidades y héroes

DIOSAS
Afrodita (griega)
Artemisa (griega)
Astarté (griega)
Bona Dea (romana)
Chin-hua-fu-jen (china)
Danu (irlandesa)
Diana (romana)
Flora (romana)
Freya (nórdica)
Horas (griegas)
Maia (griega)
Proserpina (romana)
Rauni (finlandesa)
Sarasvati (hindú)
Venus (romana)

DIOSES
Apolo (griego)
Baldur (nórdico)
Beal, Bel o Belenos (celta)
Cernunnos (celta)
Chung K'uei (chino)
Dios con cuernos (celta)
Odín (nórdico)
Pan (griego)
Plutón (griego)
Ra (egipcio)
Wotan (germánico)

Colores

Amarillo: Comunicación, trabajo con los sueños, felicidad, energías solares.
Blanco: Energías lunares, pureza, poder, protección.
Marrón: Animales, energías de la tierra, familia, protección, riqueza.
Rosa: Belleza, cooperación, satisfacción, amistad, amor, cuidados, romance.
Verde: Abundancia, fertilidad, crecimiento, salud, vida, prosperidad, vegetación, riqueza.

Hierbas:

Artemisa: Comunicación con los espíritus, adivinación, fertilidad, lujuria, protección.
Asperilla: Protección, victoria, riqueza.
Limón: Energía, alegría, amor, sueños proféticos, purificación.
Menta: Energía, curación, amor, prosperidad, protección, purificación, renovación, vitalidad.

Árboles

Abedul: Fertilidad, protección, purificación.
Espino: Magia de hadas, fertilidad, defensa, felicidad, suerte, protección.
Pino: Abundancia, energía, fertilidad, prosperidad, purificación.
Roble: Valor, energía, fertilidad, suerte, magia, protección, seguridad, fuerza.
Sauce: Comunicación con los espíritus, curación, amor, energías lunares, sueños proféticos, protección.

Flores

Hiedra: Adivinación, amistad, amor, suerte, matrimonio, renacimiento, seguridad.

Lirio del Valle: Deseo, curación, amor, paz, protección.
Margarita: Atracción, magia de duendes y hadas, amor, juventud.
Rosa: Bendiciones, clarividencia, amistad, amor, protección.
Violeta: Calma, fertilidad, amor, protección, sueños proféticos.

Cristales y piedras

Cuarzo rosa: Amistad, amor, cuidados, unión.
Esmeralda: Suerte, amor, prosperidad, protección, riqueza.
Piedra de sangre: Abundancia, valor, curación, amor, pasión, riqueza.

Metales

Cobre: Energía, amor, prosperidad, bienestar.
Oro: Salud, amor, magia, protección, fuerza, energías solares, éxito, riqueza.
Plata: Amor, energías lunares, magia, sueños proféticos, capacidad psíquica.

Animales, tótems y criaturas míticas

Abejas: Energía, karma, romance, prosperidad.
Conejo: Abundancia, fertilidad, intuición, amor.
Paloma: Fertilidad, felicidad, vida, paz, renacimiento.
Rana: Abundancia, comienzos, fertilidad, suerte, transformación.
Vaca: Abundancia, fertilidad, cuidados, riqueza.

Aromas para aceites, inciensos, mezclas de aromas o para hacer que floten en el aire

Asperilla
Incienso
Jazmín
Limón
Menta

Pino
Rosa
Ylang ylang

Claves del tarot

El Emperador
La Emperatriz
El Mago
La Suma Sacerdotisa

Símbolos y herramientas:

Flores (que simbolizan la fertilidad, el amor y la alegría)
Palo de mayo (que simboliza la fertilidad y el falo masculino)
La varita priápica (con punta de piña) (que simboliza la fertilidad y la sexualidad)

Comidas

Miel
Pasteles ligeros

Bebidas

Limonada
Vino de mayo elaborado con vino blanco, rodajas de limón e infusión de asperilla

Actividades y tradiciones para practicar

Adivinación
Banquetes
Cantar
Ceremonias de purificación
Decoración de un Arbusto de Mayo

Distribución de cestas de mayo
Encender hogueras
La entrada del mes de mayo (recoger el follaje la noche anterior y colocarlo en la casa a tiempo para el amanecer del Primero de Mayo)
Hacer ofrendas a deidades, antepasados y hadas
Magia de la fertilidad
Paseos por la naturaleza
Uniones de manos y otras uniones románticas
Rituales de protección
Sexo sagrado
Visitar pozos

Actos de servicio

Eliminar la basura de una zona exterior
Embellecer la vivienda de un vecino con flores y hierbas frescas
Plantar un árbol
Rehabilitar las orillas de un arroyo
Trabajar en un jardín comunitario

Nombres alternativos del Beltane en otras tradiciones paganas

Cetsamhain (celta, que significa «opuesto al Samhain»)
Lá Bealtaine (celta, que significa «día de Beltane»)
Primero de Mayo (uso generalizado)
Walpurgisnacht (en alemán, significa «Noche de Walpurgis»)

Festividades o tradiciones que ocurren durante el Beltane en el hemisferio norte:

RELIGIOSAS
Día de la Bruja de Rowan (finlandesa, 1 de mayo)
Día del Árbol Sagrado de Espino (irlandesa, 4 de mayo)
Festival de Shashti (hindú, 12 de mayo)

PROFANAS
Día de la Tierra (22 de abril)
Noche de Walpurgis (germánica, 30 de abril)
Primero de Mayo (europea, 1 de mayo)
Día de la Madre (la mayor parte de Europa, Estados Unidos y muchos otros países del mundo lo celebran en algún momento de mayo)

Festividades o tradiciones que ocurren durante el Beltane en el hemisferio sur:

RELIGIOSAS
Día de Todos los Santos (católica, algunas denominaciones protestantes)
Diwali (hindú)
Hollantide (galesa)
Martinmass (cristiana-católica)

PROFANAS
Día de Guy Fawkes (Reino Unido)
Halloween
Día de Recreo (norte de Tasmania)

MÁS LECTURAS

Libros

Cunningham, Scott. Living Wicca: *A Further Guide for the Solitary Practioner*. Paul, Minnesota: Llewellyn Worldwide, 1993.

Hutton, Ronald. *The Stations of the Sun: A History of the Ritual Year in Britain*. Nueva York: Oxford University Press, 1996.

Llewellyn's 2011-2012 *Sabbats Almanac*. Woodbury, Minnesota: Llewellyn Worldwide, 2012.

Llewellyn's 2012-2013 *Sabbats Almanac*. Woodbury, Minnesota: Llewellyn Worldwide, 2012.

Llewellyn's 2013-2014 *Sabbats Almanac*. Woodbury, Minnesota: Llewellyn Worldwide, 2013.

MacLeod, Sharon Paice. *Celtic Myth and Religion: A Study of*

Traditional Belief, with Newly Translated Prayers, Poems, and Songs.
Jefferson, Carolina del Norte: McFarland and Company, 2012.
Raedisch, Linda. *Night of the Witches: Folklore, Traditions, and
Recipes for Celebrating Walpurgis Night.* Woodbury, Minnesota:
Llewellyn Worldwide, 2011.

Turcan, Robert. *The Gods of Ancient Rome: Religion in Everyday
Life from Archaic to Imperial.* Nueva York: Routledge, 2001.

Internet

Frazer, James George, Sir. *The Golden Bough.* New York: Macmillan, 1922; Bartleby.com, 2000. http://www.bartleby.com/196/.

Hyde, Douglas. *A Literary History of Ireland from Earliest Times
to the Present Day.* Londres: 1906. Google EBooks, 2010. http://
books.google.com/books/about/A_literary_history_of_Ireland_
from_earli.html?id=x89MAAAAYAAJ.

Moore, A. W. *Folk-lore of the Isle of Man.* Londres: D. Nutt, 1891,
Capítulo VI, «Customs and Superstitions Connected with the
Seasons». Sacred-texts.com, 2005. http://www.sacred-texts.com/
neu/celt/fim/fim00.htm.

BIBLIOGRAFÍA

Libros

Associated Newspapers, Ltd. *The Complete Book of Fortune*. 1935. Reimpresión. Nueva York: Crescent Books, 1990.

Balk, Antti P. *Saints and Sinners: An Account of Western Civilization*. Londres: Thelema Publications, 2008.

Ball, Ann. *Catholic Traditions in the Garden*. Huntington, Indiana: Our Sunday Visitor, 1998.

Bramshaw, Vikki. *Craft of the Wise: A Practical Guide to Paganism and Witchcraft*. Ropely, Reino Unido: Obooks, 2009.

Buckland, Raymond. *Buckland's Book of Saxon Witchcraft*. York Beach: Weiser, 2005.

Cockrell, Dale. *Demons of Disorder: Early Blackface Minstrels and their World*. Nueva York: Cambridge University Press, 1997.

Conway, D. J. *Moon Magick*. St. Paul, Minnesota: Llewellyn Publication, 1995.

Coppens, Phillip. *Land of the Gods: How a Scottish Landscape was Sanctified to Become Arthur's «Camelot»*. Amsterdam: Frontier Publishing, 2007.

Cunningham, Scott. *The Complete Book of Incense, Oils, and Brews*. St. Paul, Minnesota: Llewellyn Publications, 1996.

Curran, Bob. *Walking with the Green Man: Father of the Forest, Spirit of Nature*. Franklin Lakes, Nueva Jersey: New Page Books/The Career Press, 2007.

Doniger, Wendy, ed. *Merriam-Webster's Encyclopedia of World Religions*. Springfield, Massachusetts: Merriam-Webster, 1999.

Futrell, Alison. *Blood in the Arena: The Spectacle of Roman Power*. Austin, Texas: University of Texas Press, 1997.

Graves, Robert. *The White Goddess: A Historical Grammar of Poetic Myth*. Nueva York: Farrar, Straus, and Giroux, 2013. Publicado por primera vez en 1948 por Creative Age Press.

Green, Mandy. *Milton's Ovidian Eve*. Surrey: Ashgate Publishing Limited, 2009.

Hutton, Ronald. *The Stations of the Sun: A History of the Ritual Year in Britain*. Nueva York: Oxford University Press, 1996.

Jordan, Michael. *Dictionary of Gods and Goddesses*, segunda edición. Nueva York: Facts on File, 2004.

Knight, Stephen, ed. *Robin Hood: An Anthology of Scholarship and Criticism*. Suffolk: D. S. Brewer, 1999.

Koch, John T., ed. *Celtic Culture: A Historical Encyclopedia*. Santa Barbara, California: ABC-CLIO, 2006.

Littleton, C. Scott, ed. *Gods, Goddesses, and Mythology, Volume 4*. Tarrytown, Nueva York: Marshall Cavendish, 2010.

MacCulloch, J. A. *The Religion of the Ancient Celts*. Libro electrónico. Boston: Mobile Reference, 2010.

MacLeod, Sharon Paice. *Celtic Myth and Religion: A Study of Traditional Belief, with Newly Translated Prayers, Poems, and Songs*. Jefferson, Carolina del Norte: McFarland and Company, 2012.

Matthews, John. *The Quest for the Green Man*. Wheaton, Illinois: Quest Books, 2001.

Monaghan, Patricia. *The Encyclopedia of Celtic Mythology and Folklore*. Nueva York: Facts on File, 2004.

Mountain, Harry. *The Celtic Encyclopedia, Volume 2*. Boca Raton, Florida: Universal Publishers, 1998.

National Geographic Essential Visual History of World Mythology. Des Moines, Iowa: National Geographic Books, 2008.

Newlands, Carole E. *Playing with Time: Ovid and the Fasti*. Ithaca, Nueva York: Cornell University Press, 1995.

Otnes, Cele C., and Tina M. Lowry, eds. *Contemporary Consumption Rituals: A Research Anthology*. Mahwah, Nueva Jersey: Lawrence Erlbaum Associates, 2004.

Rich, Vivian A. *Cursing the Basil: And Other Folklore of the Garden*. Victoria, Columbia Británica: Horsdal and Schubart Publishers, 1998.

Thompson, Francis. *The Supernatural Highlands*. Londres: Robert Hale and Company, 1976.

Turcan, Robert. *The Gods of Ancient Rome: Religion in Everyday Life from Archaic to Imperial*. Nueva York: Routledge, 2001.

Watts, D. C. *Dictionary of Plant Lore*. Burlington, Massachusetts: Elsevier, 2007.

Woodard, Roger D. *Myth, Ritual, and the Warrior in Roman and Indo-European Antiquity*. Nueva York: Cambridge University Press, 2013.

Internet

Asatru Alliance. «Runic Era Calendar». Accedido el 20 de diciembre de 2013. http://www.asatru.org/holidays.php.

Austin, C. «Beltaine». Accedido el 20 de diciembre de 2013.

http://www.irishculturalsociety.org/essaysandmisc/beltaine.html.

Beltane at Thornborough. Accedido el 20 de diciembre de 2013.

http://www.celebratebeltane.co.uk/.

Beltane Fire Society. «Beltane Audience Experience». Accedido el 20 de diciembre de 2013. http://beltanefiresociety.wordpress.com/beltane-audience-experience/.

Beltania.org. «May 8-11, 2014: Feeding the Fires». Accedido el 20 de diciembre de 2013. http:/www.beltania.org.

Blue Ridge Beltane. Accedido el 20 de diciembre de 2013. http://blueridgebeltane.org/.

Bonwick, James. *Irish Druids and Old Irish Religions*. Londres: Griffith, Farran, 1894; Sacred-Texts.com, 2002. Accedido el 20 de diciembre de 2013. http://www.sacred-texts.com/pag/idr/idr00.htm.

Burdick, Lewis Dayton. *Magic and Husbandry: The Folk-lore of Agriculture*. Binghamton, Nueva York: Otseningo Publishing, 1905; Google EBooks, 2005.

http://books.google.com/books?id=M0LOO7kQBBQC&lpg=PA132&ots=_hfFfgIxRF&dq=Magic%20and%20Husbandry%3A%20The%20Folklore%20of%20Agriculture&pg=PR3#v=onepage&q=Magic%20and%20Husbandry:%20The%20Folklore%20of%20Agriculture&f=false.

Burns, David. *The May Queen: A Thespis*. Londres: Simpkin, Marshall and Co., 1894; Google EBooks, 2010. http://books.google.com/books?id=c7NMAAAAYAAJ&pg=PP1#v=onepage&q&f=false.

Clogerheritage.com. «May Day in the West of Ireland». Accedido el 20 de enero de 2014. http://www.clogherheritage.com/stories3.html.

«Council Faces Clean-up Bill after Maybush Fires». *Wicklow People*, 5 de mayo de 2005. http://www.independent.ie/region-als/wicklowpeople/news/council-faces-cleanup-bill-after-maybush-fires-27830655.html.

CR FAQ. «What do you do for Bealtaine?». Accedido el 20 de enero de 2014. http://www.paganachd.com/faq/ritual.html#bealtaine.

Cutting, Jennifer. Transcripción de «Bringing in the May». Journeys and Crossings, Library of Congress. Accedido el 20 de diciembre de 2013. http://www.loc.gov/rr/program/journey/mayday-transcript.html.

Daniels, Cora Linn, and Charles McClellan Stevans, PhD, eds. *Encyclopedia of Superstitions, Folklore, and the Occult Sciences of the World, Volume*

III. Chicago, Ilinois: 1903; Google EBooks, 2008. http://books.google. com/books?id=ns0gK0efOvYC&pg=PA1191#v=onepage&q&f=false.

Davis, Joseph Barnard, and John Thurnam. *Crania Britannica*. Londres: 1865; Google EBooks, 2012. http://books. google.com.books?id=Df0wAQAAMAAJ&dq=Crania%20 Britannica&pg=PP7#v=onepage&q=Crania%20Britannica&f=false.

Diprose, Ted. «Hobbyhorse». Accedido el 20 de diciembre de 2013. http://www.merciangathering.com/silverwheel/hobby-horse.htm.

Druid of Fisher Street, The. «ADF Beltane 2011». Accedido el 20 de diciembre de 2013. http://thedruidoffisherst.blogspot.com/2011/05/ adf-beltane-2011.html.

Encyclopedia Britannica. «Flora». Accedido el 20 de diciembre de 2013. http://www.britannica.com/EBchecked/topic/210597/Flora.

Encyclopedia Britannica. «Morris dance». Accedido el 20 de enero de 2014. http://www.britannica.com/EBchecked/topic/392943/Morris-dance.

Encyclopedia Britannica. «Mumming Play». Accedido el 20 de enero de 2014. http://www.britannica.com/EBchecked/topic/397332/ mumming-play.

Fleming, Thomas. «Stone Secrets of the First Americans». Accedido el 20 de diciembre de 2013. http://www.ensignmessage.com/stonesecrets. html.

Flippo, Hyde. «German Holidays and Customs in May». Accedido el 20 de diciembre de 2013. http://german.about.com/od/holidaysfolkcus-toms/a/mai.htm.

Fosbroke, Thomas Dudley. *Encyclopedia of Antiquities and Ele- ments of Archeaology, Classical and Medieval, Volume 2*. Londres: Nattali, 1825; Google EBooks, 2010. http://books.google.com/books?id=G-cv4WxCSK0gC&dq=inauthor%3A%22Thomas%20Dudley%20 Fosbroke%22&pg=PA483#v=onepage&q&f=false.

Fowler, William Warde. *The Roman Festivals of the Period of the Republic*. Londres: Macmillan, 1899; Google EBooks, 2005. http://books.

google.com/books?id=_2w01mQEOBAC&pg=PR3&source=gbs_selected_pages&cad=3#v=onepage&q&f=false.

Frazer, James George, Sir. *The Golden Bough*. Nueva York: Macmillan, 1922; Bartleby.com, 2000. http://www.bartleby.com/196/.

FrenchMoments.«MayDayinFrance».Accedidoel20dediciembrede2013. http://www.frenchmoments.eu/may-day-in-france-la-fete-du-travail/.

Harman, Daniel P. «Public Festivals of Rome». *Principat, Volume 16, part 2*. Editado por Wolfgang Haase 2. Berlín: Walter de Gruyter, 1978. Google EBooks.

Helsinki.fi. «Vappu: Celebrating Spring and Student Life!» (blog). 30 de abril de 2013. http://blogs.helsinki.fi/welcome-touh/2013/04/30/vappu-celebrating-spring-and-student -life/.

Heritage Newfoundland. «The May Bush in Newfoundland». Accedido el 20 de diciembre de 2013. http://www.heritage.nf.ca/society/custom_may_bush.html.

Hyde, Douglas. *A Literary History of Ireland from Earliest Times to the Present Day*. Londres: 1906. Reimpresión, Google EBooks, 2010. http://books.google.com/books?id=x89MAAAAYAAJ&pg=PR5#v=onepage&q&f=false.

In the Heart of the Beast Puppet and Mask Theatre. «May-Day». Accedido el 20 de diciembre de 2013. http://hobt.org/mayday/.

Internet Book of Shadows. «Beltane Ritual». Shadow Weaver Grove ADF. 1990. Accedido el 20 de diciembre de 2013. http://www.sacred-texts.com/bos/bos630.htm.

Kondratiev, Alexei. «Samhain: Season of Death and Renewal». Accedido el 20 de diciembre de 2013. http://www.imbas.org/articles/samhain.html.

Kubilius, Kerry. «Estonia's Holidays». Accedido el 20 de diciembre de 2013. http://goeasteurope.about.com/od/estoniatravel/a/Estonia-Holidays.htm.

Lambert, Victoria. «Beltane: Britain's Ancient Festival Is Making a Comeback». *The Telegraph*, 27 de abril de 2012. Accedido el 20 de diciembre de 2013. http://www.telegraph.co.uk/life-style/9230904/Beltane-Britains-ancient-festival-is-making-a-comeback.html.

Library Ireland. «Beltane». Accedido el 20 de diciembre de 2013. http://www.libraryireland.com/Druids/Beltane.php.

Lyons, Reneé Critcher. *The Revival of Banned Dances: A Worldwide Study*. Jefferson, Carolina del Norte: McFarland and Company, 2012.

Magickal Cat, The. «Herbal Grimoire». Accedido el 20 de diciembre de 2013. http://www.themagickalcat.com/Articles.asp?ID=242.

«May-Day Basket Custom Related». *Prescott Evening Courier*. 24 de abril de 1952. Accedido el 20 de diciembre de 2013. http://news.google.com/newspapers?nid=897&dat=19520424&id=EbJaAAAAIBAJ&sjid=CFADAAAAIBAJ&pg=5913,4928686.

Maypoledance.com. «All About Maypole Dancing». Accedido el 20 de diciembre de 2013. http://www.maypoledance.com/maypole.html.

McNeill, Maggie. «Floralia». Accedido el 20 de diciembre de 2013. http://maggiemcneill.wordpress.com/2012/05/03/floralia/.

Moonstone, Rowan. «Beltane: Its History and Modern Celebration in Wicca in America». *Internet Book of Shadows*. Sacred-Texts, 1990. Accedido el 20 de enero de 2014. http://www.sacred-texts.com/bos/bos032.htm.

Moore, A. W. *Folk-lore of the Isle of Man*. Londres: D. Nutt, 1891; Sacred-Texts, 2005. Accedido el 20 de diciembre de 2013. http://www.sacred-texts.com/neu/celt/fim/fim00.htm.

Moriarty, Colm. «Mayday and the Celtic festival of Bealtaine». Irish Archeology, 1 de mayo de 2011. Accedido el 20 de diciembre de 2013. http://irisharchaeology.ie/2011/05/mayday-and-bealtaine/.

My Czech Republic. «May First, the Time of Love». Accedido el 20 de enero de 2013. http://www.myczechrepublic.com/czech_culture/czech_holidays/may.html.

National Museum of Ireland. «Bonfires and Dancing». Accedido el 20 de diciembre de 2013. http://www.museum.ie/en/list/topic-may-day.aspx?article=8eba7384-49e2-4ba0-8613-1cfa8f153ed5.

Nemeton the Sacred Grove. «Belenos». Accedido el 20 de diciembre de 2013. http://www.celtnet.org.uk/gods_b/belenos.html.

Nottinghamshire County Council. «Robin Hood». Accedido el 20 de diciembre de 2013. http://www.nottinghamshire.gov.uk/enjoying/countryside/countryparks/sherwood/sherwoodforesthistory/robinhoodhistory/.

New World Encyclopedia. «Beltane». Accedido el 20 de enero de 2014. http://www.newworldencyclopedia.org/entry/Beltane.

Owen, James. «Druids Committed Human Sacrifice, Cannibalism?». *National Geographic News* 20 de marzo de 2009. Accedido el 20 de enero de 2013.

http://news.nationalgeographic.com/news/2009/03/090320-druids-sacrifice-cannibalism.html.

Padstow Museum. «The Mystery of Mayday». Accedido el 20 de diciembre de 2013. http://home.freeuk.com/padstowmuseum/Mayday_Mystery.htm.

Pagan Lore. Artisson, Robin. «The Differences in Traditional Witchcraft and Neo-Pagan Witchcraft, or Wicca». Modificado por última vez en 2001, Accedido el 20 de diciembre de 2013. http://www.paganlore.com/witchcraft_vs_wicca.aspx.

Planet Vermont. Angel, Paul Tudor. «The Mysterious Megaliths of New England». Accedido el 20 de diciembre de 2013. http://planetvermont.com/pvq/v9n1/megaliths.html.

Project Britain. «May Day». Accedido el 20 de diciembre de 2013. http://resources.woodlands-junior.kent.sch.uk/customs/questions/mayday.htm.

Sanders, M. «Yorkshire's Stonehenge: The Thornborough Henges». Accedido el 20 de diciembre de 2013. http://www.prehistory.yas.org.uk/content/thornborough.html.

Sanford, D. K. *The Popular Encyclopedia, Volume 6*. Londres, Blackie & Son, 1841; Google EBooks, 2008. http://books.google.com/books?id=9kjCqERYQIcC&pg=PR5#v=onepage&q&f=false.

Seymour, William Wood. *The Cross in Tradition, History, and Art*.

Nueva York: Putnam, 1898; Google EBooks, 2008. http://books.google.
com/books?id=rhMtAAAAYAAJ&lpg=PA481&ots=0hhAuhDHa-
Q&dq=The%20Cross%20in%20Tradition%2C%20History%2C%20
and%20Art%2080&pg=PP9#v=onepage&q=The%20Cross%20in%20
Tradition,%20History,%20and%20Art%2080&f=false.

Shadow Weaver Grove ADF. «Beltane Ritual». *Internet Book of Shadows.*
Sacred-texts, 1990. Accedido el 20 de diciembre de 2013. http://www.
sacred-texts.com/bos/bos630.htm.

Sieg, George. «Heathen May Celebration». *Examiner.com*, 4 de mayo de
2010. Accedido el 20 de diciembre de 2013. http://www.examiner.com/
article/heathen-may-celebration.

Smith, William, y Charles Anthon, eds. *A Dictionary of Greek and
Roman Antiquities.* Londres: J. Murray, 1901; Google EBooks,
2009.   http://books.google.com/books?id=Cu89AAAAYAAJ&d-
q=A%20Dictionary%20of%20Greek%20and%20Roman%20
Antiquities&pg=PA867#v=snippet&q=floralia&f=false.

Spoutwood Farm. «The 22nd Annual May Day Fairie Festival».Accedido
el 20 de diciembre de 2013. http://www.spoutwood.org/fairie-festival/
about.

Stoll, Heinrich Wilhelm. *Handbook of the Religion and Mythology of the
Greeks, with a Short Account of the Religious System of the Romans.* Traduc-
ción de R. B. Paul. Londres: Francis and John Rivington, 1852; Google
EBooks, 2006. http://books.google.com/books?id=UWoBAAAAQAA-
J&dq=Handbook%20of%20the%20Religion%20and%20Mytho-
logy%20of%20the%20Greeks%2C%20with%20a%20Short%20
Account%20of%20the%20Religious%20System%20of%20the%20
Romans&pg=PR1#v=onepage& q&f=false.

Theoi Greek Mythology. «Khloris». Accedido el 20 de diciembre de
2013. http://www.theoi.com/Nymphe/NympheKhloris.html.

Traditionalwitch.net. «Beltane». 19 de junio de 2010. Accedido el 20
de diciembre de 2013. http://www.traditionalwitch.net/_/esoterica/
festivals-sabbats/beltane-r32.

Turtle Hill Events. «Beltane Gathering, The». Accedido el 20 de diciembre de 2013. http://www.turtlehillevents.org/beltane/.

University of Chicago. «Floralia». Accedido el 20 de enero de 2014. http://penelope.uchicago.edu/~grout/encyclopaedia_romana/calendar/floralia.html.

Williams, Margaret. «Beltane Essay 1». Witchvox, 4 de mayo de 1999. Accedido el 20 de enero de 2014. http://www.witchvox.com/va/dt_va.html?a=usxx&c=holidays&id=2343.

NOTAS

1. Es posible que se trate de un tipo de hongo conocido como matamoscas, una seta de sombrero rojo y blanco con potentes propiedades psicoactivas y altos niveles de toxicidad.

2. Las vezas son una pequeña planta con flor que se utiliza para alimentar a los animales de granja.

3. Los altramuces son un tipo de legumbre con vainas de color amarillo.

4. Prímula es el nombre común de *Primula veris,* una planta que produce flores de color amarillo brillante en primavera.